Vera Peiffer/Nada Lemke

Wenn die Partnerschaft zerbricht

Trennung positiv bewältigen

Ursachen erkennen
Selbsthilfestrategien
Fallbeispiele, Übungen, Fragebögen

MIDENA

Anmerkung der Redaktion
Dieses Buch wurde in der neuen Rechtschreibung verfasst.

Die Deutsche Bibliothek - CIP-Einheitsaufnahme

Peiffer, Vera:
Wenn die Partnerschaft zerbricht : Trennung positiv bewältigen ; Ursachen erkennen, Selbsthilfestrategien, Fallbeispiele, Übungen, Fragebögen / **Vera Peiffer/Nada Lemke.** – Augsburg : Midena, 1999
ISBN 3-310-00417-1

Die im Buch veröffentlichten Ratschläge wurden von Verfasserinnen und Verlag sorgfältig erarbeitet und geprüft. Eine Haftung der Verfasserinnen bzw. des Verlags und seiner Beauftragten für Personen-, Sach- oder Vermögensschäden ist dennoch ausgeschlossen.
Bei der Nutzung in Beratungsgesprächen und Kursen ist auf dieses Buch hinzuweisen.

Midena Verlag, Augsburg

Umschlagbild: IFA-Bilderteam/J. Heron
Umschlaggestaltung: S/L-Kommunikation
Fotos: Bavaria Bildagentur: S. 13, 15, 22, 27, 52, 60, 68, 86, 106, 116; MEV: 31, 38, 46, 78, 97, 110
Satz: Uhl + Massopust, Aalen; Gesetzt aus Stone Serif 10/14 Punkt
Druck und Bindung: Franz Spiegel Buch GmbH, Ulm

Printed in Germany

ISBN 3-310-00417-1

Für Justus und Jan

Inhalt

Vorwort

Liebe Leserin, lieber Leser,

dieser Band beschäftigt sich mit einer Lebenssituation, die zu den schwersten im Leben gehört: die Trennung vom Partner. Gründe für eine Trennung gibt es viele. Man hat vielleicht nie so richtig zusammengepasst, oder einer der Partner hat es mit der Treue nicht so genau genommen. Manche Paare leben sich im Laufe der Zeit auseinander, und was als romantische Liebe anfing, endet schließlich in Lustlosigkeit und schlecht gelauntem Desinteresse.

Kaum jemand kommt anfangs mit der Trennung klar

Für viele Menschen ist der Trennungsschmerz anfangs fast unerträglich. Sie können nicht mehr essen, nicht mehr schlafen, sind schon beim kleinsten Anlass den Tränen nahe und deshalb oft außer Stande, sich bei der Arbeit zu konzentrieren. Sie werden von einer Anzahl zum Teil widersprüchlicher Gefühle gebeutelt, sodass sie sich manchmal wie auf einer seelischen Achterbahn vorkommen. Sogar körperliche Probleme können als Folge einer Trennung auftreten. Dabei spielt es keine Rolle, ob man mit dem Partner verheiratet war oder nicht – der Trennungsschmerz bleibt derselbe.

Guter Rat ist jetzt oft teuer. Man spricht vielleicht mit einem Freund oder einer Freundin über das Problem, möchte die Freundschaft aber auch nicht ständig mit diesem Thema belasten. Vielleicht hat man sogar über seine Beziehung mit dem Ex-Partner alte Freundschaften vernachlässigt und hat nun niemanden mehr, dem man sich anvertrauen könnte. Wohin jetzt mit all dem inneren Druck?

Das ist bei einer Trennung wichtig

Aus der Einzelarbeit mit Klienten sowie aus Seminarsituationen wissen wir, dass es wichtig ist, die durch die Trennung ausgelösten Emotionen zu erkennen und zuzulassen, damit man konstruktiver mit ihnen umgehen kann. Aus diesem Grunde gehen wir ganz gezielt auf die einzelnen Gefühle ein und darauf, wie man mit ihnen am besten zurechtkommt.

Wir haben uns hierbei ganz bewusst auf die Gefühle von Erwachsenen beschränkt, obwohl ja auch Kinder von Trennungen in Mitleidenschaft gezogen werden. Das wäre allerdings ein Spezialgebiet und müsste in einem separaten Band besprochen werden. Aber auch wenn Sie Kinder haben und sich gerade getrennt haben, sollten Sie das vorliegende Buch lesen. Sie werden sehen: wenn Sie besser mit Ihren Gefühlen klarkommen, hat das auch einen positiven Effekt auf Ihre Kinder.

Sie finden neben zahlreichen Fallbeispielen auch praktische Übungen, Tipps und Anleitungen, wie Sie aus der Hoffnungslosigkeit und Depression herauskommen und einer glücklicheren Zukunft entgegensehen können – auch ohne Ihren Ex-Partner. Lassen Sie sich also nicht unterkriegen!

Alles Gute wünschen Ihnen
Ihre *Vera Peiffer* und *Nada Lemke*

1 KAPITEL

Die drei Phasen der Trennung

Vielleicht haben Sie nach diesem Buch gegriffen, weil Sie gerade eine Trennung von Ihrem Partner durchmachen und es Ihnen gar nicht gut geht. Sie möchten jetzt versuchen, mit Ihren Gefühlen des Schocks und der Verzweiflung besser zurechtzukommen, um so Ihr Leben wieder in konstruktivere Bahnen zu lenken. Egal, ob der Trennungswunsch ursprünglich von Ihnen oder Ihrem Partner ausging: Ohne Emotionen geht es nie ab. Wenn eine Trennung emotionslos verläuft, dann war auch nie eine echte, auf Gegenseitigkeit beruhende Bindung da.

Die Übergänge der Trennungsphasen sind fließend

Es kann oft helfen, wenn man sich klarmacht, dass das Trennungserlebnis verschiedene Phasen durchläuft, die alle auf die endgültige Bewältigung und Loslösung vom ehemaligen Partner hinführen. Jede einzelne Phase wird von einer Reihe verschiedener Gefühle charakterisiert, wobei allerdings die Übergänge von einer Phase zur nächsten eher fließend sind. In der Anfangszeit nach der Trennung durchläuft man zunächst Gefühle der Verzweiflung, die dann in der Folgezeit von Gefühlen des Ärgers, der Kritik und Selbstkritik abgelöst werden, bis dann schließlich die letzte Phase der endgültigen emotionalen Loslösung vom ehemaligen Partner stattfinden kann.

Diese aufeinanderfolgenden Phasen führen mit der Zeit wieder ins normale Leben zurück, es sei denn, man bleibt in einer der ersten beiden Phasen stecken. Ist das der Fall, dann liegen meist persönliche Probleme vor, die bereits vorher bestanden und lediglich durch die Trennung einen Auslöser gefunden haben. Dann wird meist fachmännische Hilfe nötig sein, um über die Auflösung der persönlichen Probleme auch die Ablösung vom ehemaligen Partner herbeiführen zu können.

Jede der einzelnen Phasen hat ihren eigenen Stellenwert in der seelischen Verarbeitung des Trennungserlebnisses. Wenn wir also mit größerer seelischer Reife und intaktem Selbstbewusstsein aus der Trennung hervorgehen wollen, dann kommen wir um das Durchleben der einzelnen Phasen nicht herum, so unangenehm sie uns auch erscheinen mögen.

Da müssen Sie durch!

Selbstverständlich macht nicht jeder Mensch die einzelnen Phasen auf genau die gleiche Weise durch; schließlich sind wir einzigartig in unserer Persönlichkeitsstruktur. Darüber hinaus hängt auch viel davon ab, ob die Trennung auf freundschaftliche Weise vollzogen wurde oder ob die Beziehung im Streit auseinander ging. Entsprechend harmonisch oder feindselig ist dann auch das Verhältnis zum Ex-Partner nach der Trennung, und das wiederum hat einen Einfluss auf das seelische Gleichgewicht beider Beteiligten. Trotzdem lassen sich gewisse Grundzüge der einzelnen Phasen bei den meisten Menschen wiederfinden, und diese Grundzüge sollen im Folgenden näher erläutert werden.

Phase 1 – Schock und Verzweiflung

In den ersten Tagen nach der Trennung erleben viele Menschen eine Art Betäubungsgefühl, das sich als Verwirrung oder Mangel an Konzentrationsvermögen darstellen kann.

Diese Schockreaktion der Psyche ist auch im Zusammenhang mit anderen traumatischen Erlebnissen bekannt, wie zum Beispiel nach einem Verkehrsunfall, der Diagnose einer schweren Krankheit oder dem Tod eines nahestehenden Menschen. Die Psyche schaltet dabei sowohl Körper als auch Geist auf »gefühllos«, damit der Mensch den ersten, überwältigenden Ansturm der Gefühle besser verkraften kann. Erst wenn der Anfangsschock nicht mehr so akut ist, löst sich das Betäubungsgefühl allmählich auf.

Wenn die Trennung überraschend ist

Besonders groß ist der Schock natürlich, wenn man ganz unvorbereitet mit der Trennung konfrontiert wird und es vielleicht durch einen Zettel auf dem Küchentisch erfährt. Aber auch, wenn man seelisch schon auf die Trennung vorbereitet war, kann das Betäubungsgefühl einsetzen. Es sind schließlich noch immer zwei verschiedene Dinge: nur über eine Trennung zu sprechen oder sie auch tatsächlich durchzuführen. Dabei spielt es keine Rolle, wie lange man mit seinem Partner zusammen war. Auch nach nur vier Wochen des Zusammenseins kann eine Trennung inneren Aufruhr auslösen.

Jetzt hängt viel davon ab, in welcher seelischen Verfassung Sie sich zum Zeitpunkt der Trennung befinden. Sind Sie sowieso schon durch Stress bei der Arbeit oder durch Probleme mit den Kindern überfordert, dann hat die zusätzliche Belastung der Trennung natürlich einen noch schwerwiegenderen Effekt. Außerdem spielt jetzt auch noch eine Rolle, wie solide Ihr Selbstbewusstsein und Ihr Selbstwertgefühl sind. Je stabiler Sie schon vor der Beziehung waren, desto schneller kommen Sie seelisch wieder auf die Beine.

Die erste Phase ist in der Anfangszeit nach der Trennung auch oft durch Depressionen und Gefühle der Verlassenheit

geprägt. Man ist ständig den Tränen nahe und möchte sich von der Umwelt zurückziehen. Man hat zu nichts mehr Lust, Dinge, die vorher wichtig waren, sind jetzt nebensächlich, und man lebt nur noch in der Trauer des Augenblicks. Manche Menschen verlieren in den ersten Wochen nach der Trennung Ihre Zukunftsperspektive vollkommen. Sie ziehen sich ganz in sich zurück, und das wiederum verstärkt das Gefühl der Einsamkeit nur noch mehr.

Typische Merkmale der ersten Phase sind

- Verzweiflung und Hoffnungslosigkeit
- häufige und oft überraschende Tränenausbrüche
- ein starkes Bedürfnis, sich zurückzuziehen
- körperliche Schmerzen tagsüber und besonders morgens beim Aufwachen
- Konzentrationsstörungen
- die Gedanken drehen sich ausschließlich um den Ex-Partner
- man sieht nur das Gute an der gescheiterten Beziehung
- man fragt sich dauernd »warum?«
- Essstörungen
- übermäßiges Rauchen und/oder Trinken
- Schlafstörungen

Depressionen und Gefühle der Verlassenheit prägen die erste Phase nach der Trennung.

Gefahrenpunkt, wenn die erste Phase nicht überwunden wird

- körperlich oder seelisch krank zu werden

Fallbeispiel

Frau Sommer (52) war seit 25 Jahren mit ihrem Mann (45) verheiratet. Sie hatten sich an der Universität kennen gelernt und einige Jahre zusammengelebt, bevor sie heirateten. Seit einem halben Jahr hatte Frau Sommer den Eindruck, dass in ihrer Ehe etwas nicht stimmte.

Ihr Mann war viel öfter als sonst weg und konnte ihr keine plausible Erklärung für seine häufige Abwesenheit geben. Frau Sommer befürchtete, er habe eine Affäre, und äußerte diesen Verdacht ihrem Mann gegenüber auch, stieß aber nur auf Beteuerungen, dass dem nicht so sei. Erst nach Monaten gestand ihr Mann endlich, dass sie Recht hatte.

Frau Sommer war am Boden zerstört. Sie konnte nicht mehr essen und nicht mehr schlafen. Sie war von Natur aus schon schlank, nahm aber innerhalb der ersten vier Wochen nach der Eröffnung ihres Mannes fast zehn Kilo ab. Als sie sich eines Morgens im Spiegel ansah und entsetzt feststellte, dass sie ihre Rippen zählen konnte, beschloss sie, sich in psychotherapeutische Behandlung zu begeben, da sie Angst hatte, sich gesundheitlichen Schaden zuzufügen.

Phase 2 – Ärger und Kritik

Jetzt werden Sie aktiver

Die zweite Phase unterscheidet sich von der ersten darin, dass der Mensch jetzt seelisch aktiver wird. Diese geistige Aktivität ist zwar noch überwiegend negativer Natur, ist aber trotzdem begrüßenswert, weil sie aus der Depression hinausführt. Ärger mag zwar ein unangenehmes Gefühl sein, gleichzeitig hilft es einem aber auch, sich allmählich vom Partner zu lösen.

Obwohl die Verzweiflung in der zweiten Phase durchaus noch vorhanden ist, wechselt sie sich aber jetzt mit Gefühlen des Ärgers ab. Der ehemalige Partner wird nun in einem nicht mehr so rosaroten Licht gesehen wie in der ersten Phase. Man bewertet die Art und Weise, wie sich der Partner vor und während der Trennung verhalten hat, sehr viel kritischer, und ist auch nicht mehr so schnell bereit, Entschuldigungen für verletzendes Verhalten gelten zu lassen.

In der zweiten Phase können sich aber auch unangenehme Gedanken der Selbstkritik bemerkbar machen. Ganz besonders, wenn man in der Beziehung vom Partner schlecht behandelt wurde, besteht jetzt die Gefahr, dass man starke Selbstzweifel entwickelt. »Vielleicht sehe ich einfach nicht gut genug aus.«; »Ich habe einfach nichts zu sagen. Wenn ich intelligenter wäre, hätte er sich bestimmt nicht von mir getrennt.«; »Ich war ihr wahrscheinlich nicht männlich genug.«

Oft wird dabei der Trennungswunsch des Partners als Bestätigung angesehen, dass man in irgendeiner Weise als Person minderwertig ist.

Diese selbstkritischen Gedanken können sich aber auch entwickeln, wenn der Ex-Partner vor oder während der Trennung keinerlei Kritik geäußert hat. Besonders Frauen neigen dazu, den Fehler bei sich selber zu suchen und alles Mögliche an sich selber zu verurteilen. Auf diese Weise stürzen sie sich dann immer wieder in Verzweiflung und Hoffnungslosigkeit und bezweifeln, dass sie jemals einen neuen Partner finden könnten. Aus dieser Haltung heraus vernachlässigen sie dann ihr Äußeres und werden tatsächlich unattraktiver.

Besonders Frauen suchen den Fehler gerne bei sich selbst.

Typische Merkmale der zweiten Phase sind

- Verzweiflung wechselt mit Gefühlen des Ärgers ab
- Wut auf den ehemaligen Partner
- Selbstkritik
- Rachepläne: Wie zahle ich es ihr/ihm heim?
- kürzere Phasen tagsüber, in denen man nicht an den Ex-Partner denkt
- man kann jetzt auch einige Vorteile der Trennung erkennen
- Tränenausbrüche werden seltener
- starkes Bedürfnis, vom Ex-Partner Erklärungen einzufordern

Gefahrenpunkt, wenn die zweite Phase nicht überwunden wird

- mit dem Nächstbesten eine neue Beziehung eingehen, vielleicht sogar nur deshalb, um es dem Partner zu »zeigen« (s. S. 67 f)

Fallbeispiel

Christina (25) und Tobias (26) hatten sich vor sechs Wochen auf Christinas Wunsch hin voneinander getrennt.

»Zuerst war ich natürlich ganz schön fertig«, erzählte Tobias. »Wir waren zwar erst seit einem Jahr zusammen, aber ich hatte von Anfang an klar zu erkennen gegeben, dass es mir um eine Langzeitbeziehung geht. Ich wollte unsere Probleme mit Christina besprechen, aber sie hat mich mit nichtigen Argumenten abgespeist.«

Tobias fühlte sich ungerecht behandelt und begann, Christina mit Anrufen zu bombardieren, in denen er auf ein Klärungsgespräch bestand. Christina lehnte das aber ab, was Tobias nur noch wütender machte. Er brauchte sehr lange, bis er seine Kommunikationsversuche aufgeben und sich innerlich von Christina lösen konnte.

Phase 3 – Loslösung und Abstand

Diese letzte Phase beginnt, wenn die Gefühle für den Ex-Partner endgültig abgeklungen sind. Für das Erreichen dieser letzten Phase ist weder die räumliche Trennung noch die Länge der Zeit seit der Trennung ausschlaggebend. Manche Menschen wechseln die Stelle oder ziehen sogar aus der alten Umgebung weg, nur um sich von ihrem ehemaligen Partner zu distanzieren. Damit ist aber noch lange keine emotionale Distanz erreicht. Einer unserer Klienten war sogar in ein anderes Land gezogen, um die Freundin zu vergessen, und doch verglich er jede andere Frau mit seiner Ehemaligen. Er hatte sich zwar räumlich getrennt, aber nicht seelisch.

Beginn der Distanzierung

Auch die Zeit, die seit der Trennung vergangen ist, kann Ihnen keine Garantie dafür geben, dass Sie mit einer Beziehung wirklich abgeschlossen haben. Ausschlaggebend ist einzig und allein, wie Sie sich beim Gedanken an den Ex-Partner fühlen. Erst wenn Sie gefühlsmäßig auf ihn/sie nicht anders reagieren als auf einen guten Bekannten, haben Sie Phase 3 erreicht.

Idealerweise bleiben Sie jetzt noch eine Weile alleine, um sich wieder ganz auf sich selber zu besinnen. Auf keinen Fall sollten Sie aber eine neue Beziehung eingehen, bevor Sie sich nicht ganz klar in der dritten Phase befinden.

Typische Merkmale der dritten Phase sind

- seltenes Denken an den Ex-Partner
- keinerlei besonders negative oder positive Gefühle dem Ex-Partner gegenüber
- realistische Bestandsaufnahme der Partnerschaft
- Schmieden von Zukunftsplänen, die nicht von der Wie-

derkehr des Ex-Partners oder eines neuen Partners abhängen

- Örtlichkeiten werden nicht mehr gemieden, nur weil man Angst hat, dort dem Ex-Partner zu begegnen

Fallbeispiel

Nach Jahren des Streits hatte Frau Zierl (42) endlich beschlossen, sich von ihrem Mann zu trennen. Sie hatten keine Kinder und waren sich auch schnell einig, wie das gemeinsam erworbene Vermögen aufgeteilt werden sollte. Trotzdem war Frau Zierl erstaunt gewesen, wie sehr ihr die Trennung zu schaffen gemacht hatte.

»Eine ganze Weile lang war mein Wunschtraum, dass mich mein Mann mit einem tollen neuen Partner sieht. Die Phase ist jetzt aber vorbei. Neulich habe ich ihn zufällig in der Stadt getroffen und wir haben uns eine Weile bei einer Tasse Kaffee unterhalten. Irgendwie merkte ich da auf einmal, dass ich mit ihm eigentlich gar nichts mehr anfangen konnte. Ich hatte mich nach der Trennung weiterentwickelt, er aber nicht.«

Test In welcher Phase stecken Sie gerade?

Schauen Sie die folgenden Aussagen einmal durch und kreuzen Sie diejenigen an, die zur Zeit am besten auf Sie zutreffen.

	Trifft zu	Trifft nicht zu
1. Es wäre mir egal, wenn ich morgen tot umfiele. Das Leben hat für mich nach dieser Trennung einfach keinen Sinn mehr.	❍	❍
2. Ich kann mir nicht vorstellen, dass es für mich jemals wieder eine Beziehung geben kann.	❍	❍

	Trifft zu	Trifft nicht zu
3. Ich muss den ganzen Tag lang die Tränen zurückhalten.	❍	❍
4. Ich fühle mich durch den Schock der Trennung wie betäubt.	❍	❍
5. Ich bin im Verkehr stark abgelenkt, sodass ich mich und andere gefährde.	❍	❍
6. Ich kann mich bei der Arbeit einfach nicht konzentrieren und mache dauernd Fehler.	❍	❍
7. Ich möchte mich am liebsten in ein Mauseloch verkriechen.	❍	❍
8. Ich kann gar nicht mehr richtig zuhören, wenn mir andere etwas erzählen, weil mir dauernd Gedanken an meinen Ex-Partner durch den Kopf gehen.	❍	❍
9. Ich vernachlässige mein Äußeres.	❍	❍
10. Ich bezweifle, dass ich zu einer guten Beziehung mit einem Partner überhaupt fähig bin.	❍	❍
11. Ich will meinen Ex-Partner zurückgewinnen, koste es, was es wolle.	❍	❍
12. Wenn mich jemand auf die Beziehung mit meinem Ex-Partner anspricht, steigen mir noch immer ab und zu die Tränen in die Augen.	❍	❍
13. Ich beschäftige mich sehr viel mit Überlegungen, wie ich es hätte verhindern können, dass die Beziehung in die Brüche geht.	❍	❍
14. Auch wenn mich mein Ex-Partner auf Knien bitten würde, nähme ich ihn/sie auf keinen Fall zurück.	❍	❍

	Trifft zu	Trifft nicht zu
15. Ich überlege ernsthaft, ob ich nicht eine/n alte/n Verehrer/in anrufen soll, um so meinem angeschlagenen Ego wieder auf die Beine zu helfen.	❍	❍
16. Ich versuche immer wieder, meinen Ex-Partner schriftlich und/oder telefonisch zu erreichen, um ein Treffen zu vereinbaren.	❍	❍
17. Ich rufe den Anrufbeantworter meines Ex-Partners an, nur um seine/ihre Stimme zu hören.	❍	❍
18. Der Gedanke, dass sich mein Ex-Partner wieder liieren könnte (oder es womöglich schon getan hat), bringt mich zur Raserei.	❍	❍
19. Ich kann sachlich mit Freunden darüber diskutieren, was in der Beziehung mit meinem Ex-Partner schief gegangen ist.	❍	❍
20. Ich muss zugeben, dass das Alleinsein nicht nur Schattenseiten hat.	❍	❍
21. Ich denke nur noch selten an meinen Ex-Partner.	❍	❍
22. Ich verstehe eigentlich gar nicht mehr, was mir einmal so gut an meinem Ex-Partner gefallen hat.	❍	❍
23. Wenn ich meinen Ex-Partner heute zufällig träfe, würde mir das überhaupt nichts ausmachen.	❍	❍
24. Die schief gegangene Beziehung mit meinem Ex-Partner hat mich einiges gelehrt. Das kommt mir sicherlich in meiner nächsten Beziehung zugute.	❍	❍

Auswertung

Phase der Verzweiflung

Die Aussagen 1–10 beziehen sich auf Phase 1.
Je mehr Kästchen Sie bei diesen ersten zehn Punkten angekreuzt haben, desto tiefer stecken Sie noch in der Verzweiflungsphase. In den ersten 4–6 Wochen ist das normal. Wer sich jedoch nach drei Monaten immer noch so stark depressiv fühlt, sollte auf jeden Fall fachmännische Hilfe in Anspruch nehmen und einen Therapeuten aufsuchen.

Auf dem Weg der Besserung

Die Aussagen 11–18 beziehen sich auf Phase 2.
Wenn Sie in dieser Kategorie viel angekreuzt haben und nur wenig Kästchen bei den Aussagen 1–10, dann befinden Sie sich bereits auf dem Weg der Besserung, auch wenn es sich im Moment noch nicht so anfühlt.

Wenn Sie nur Aussagen von 11–18 angekreuzt haben und gar nichts bei den Aussagen 1–10, dann sind Sie ganz klar in der Aktivphase, und das ist ein gutes Zeichen.

Vollzogene Loslösung

Die Aussagen 19–24 beziehen sich auf Phase 3.
Je mehr Sie hier angekreuzt haben, desto sicherer können Sie sein, dass Sie wirklich über Ihren Ex-Partner hinweg sind. Nur wenn Sie ausschließlich Aussagen 19–24 angekreuzt haben, sind Sie wirklich zu einer neuen Beziehung bereit.

2 KAPITEL

Wie gehen Sie jetzt am besten mit Ihren Gefühlen um?

Da eine Trennung zu den erschütterndsten Erfahrungen im Leben gehört, sind auch die sie begleitenden Gefühle entsprechend tiefgreifend. Manche Menschen können es gar nicht fassen, zu welcher Traurigkeit, Verzweiflung oder Wut sie im Stande sind, weil sie es nie zuvor so an sich erlebt haben. Andere sind entsetzt, wie kleinlich oder ungerecht sie auf einmal in dieser Situation werden, obwohl sie doch »normalerweise« gar nicht so sind. Wieder andere meinen, nach ein paar Monaten doch wirklich über die Trennung hinweg sein zu müssen, und wundern sich, dass schon beim Anblick eines alten Fotos ganz unerwartet wieder die Tränen fließen.

Nach einer Trennung scheint das Leben oft ein dunkles Loch zu sein.

Eine Trennung ist ein emotionaler Ausnahmezustand, bei dem die Gefühle zeitweise Kopf stehen. Das mag unbegreiflich erscheinen, ist aber völlig normal. Wie wir im vorigen Kapitel gesehen haben, scheint das Leben nach einer Trennung auf einmal ein tiefes Loch zu sein, ohne Zukunft oder Perspektive. Anfangs kann man sich gar nicht vorstellen, dass diese überwältigenden Gefühle der Verzweiflung und Hoffnungslosigkeit jemals aufhören könnten, und doch verändert sich die Niedergeschlagenheit ganz allmählich wieder ins Positive.

Nach einer Weile ist man nicht mehr so deprimiert und nach innen gewandt, weil jetzt aktivere Gefühle wie zum Beispiel Wut auf den ehemaligen Partner auftauchen. Andererseits ist man sehr selbstkritisch und hat zudem das dringende Bedürfnis zu begreifen, was eigentlich schief gegangen ist. – Wussten Sie übrigens, dass nicht nur die Verlassenen von diesen Gefühlen gebeutelt werden, sondern auch diejenigen, von denen der Trennungswunsch ausging?

Erst, wenn man gelernt hat, sich mit der Tatsache der Trennung abzufinden, kommen die vielen gegensätzlichen, verwirrenden und oftmals beängstigenden Gefühle allmählich wieder zur Ruhe. Dabei geht jeder mit dem Trennungsschmerz auf seine eigene Weise um. Viel hängt jetzt davon ab, wie selbstsicher man von Haus aus ist.

Alle drei Trennungsphasen sind wichtig

Alle drei Phasen sind für die gute Verarbeitung der Trennung notwendig. Es hat daher wenig Sinn, sie zu ignorieren oder umgehen zu wollen. Aber – und das ist die gute Nachricht – wir können einiges dazu tun, die »Gefühlslöcher« besser zu überstehen und sie sogar sinnvoll zu nutzen. Wer aktiv etwas unternimmt, um mit seinen Gefühlen besser fertig zu werden, kann die Leidenszeit ganz erheblich verkürzen. Wer daran arbeitet, seine Gefühle verstehen zu lernen, erreicht dadurch nicht nur eine Stärkung seines Selbstvertrauens, sondern hat auch ein größeres Gefühl der Kontrolle über sein Leben.

Im Folgenden finden Sie verschiedene praktische Übungen und Tests, die Ihnen bei der besseren Bewältigung der mit einer Trennung einhergehenden Gefühle helfen.

Schweigen ist Silber, Reden ist Gold

Igeln Sie sich nicht ein

In der ersten Zeit nach einer Trennung ist es sehr wichtig, sich nicht einzuigeln. Ziehen Sie sich jetzt nicht wochenlang von der Welt zurück. Reden Sie mit anderen über Ihre Situation und Ihre Gefühle! Sie fragen sich jetzt vielleicht, was es Ihnen nützen sollte, Ihr Elend in Worte zu fassen: »Wird dann nicht alles noch viel schlimmer?« Die Antwort ist eindeutig »Nein«. Sie wissen ja: »Geteiltes Leid ist halbes Leid.« Wer alles in sich hineinfrisst, macht sich nicht nur selbst das Leben schwerer, sondern braucht auch länger, um aus einem seelischen Tief herauszukommen.

Lassen Sie uns doch einmal genau anschauen, welche Vorteile es hat, wenn wir unsere Gedanken und Empfindungen laut aussprechen.

1. Vorteil **Der Kontakt mit anderen Menschen vermindert den inneren Druck.**

Fallbeispiel

Herbert hatte sich nach der Trennung ganz von seinen Freunden zurückgezogen. Diese riefen ihn aber immer wieder an und konnten ihn schließlich überreden, ab und zu mit ihnen wegzugehen. Obwohl es Herbert schwer fiel, über seine Gefühle zu sprechen, merkte er doch, wie ihm auch die wenigen Worte der Aussprache gut taten.

2. Vorteil **Wer sich zu seinen Gefühlen bekennt, kann besser mit ihnen umgehen. Entsprechend leichter wird es dann, Lösungen zu finden.**

Fallbeispiel

Barbara verspürt seit der Trennung oft Angst. Sie spricht mit ihrer Freundin darüber und gemeinsam finden sie heraus, dass sich Barbara nicht zutraut, alleine eine neue Wohnung zu suchen. In der alten Wohnung will sie aber auch nicht bleiben, weil sie dort alles an ihren ehemaligen Freund erinnert. Barbara bittet die Freundin, ihr bei der Wohnungssuche zu helfen.

3. Vorteil **Indem wir ein Problem offen aussprechen, trennen wir uns ein Stück weit davon.**

Fallbeispiel

Klaus hat sich von seiner Frau getrennt, da sie ihm immer wieder untreu war. Obwohl er das Gefühl hat, die Scheidung mit gutem Grund eingereicht zu haben, plagen ihn letztlich Schuldgefühle. Er spricht sich bei einer Schulfreundin aus, die ihn darauf aufmerksam macht, dass seine Frau diejenige ist, die sich schuldig fühlen sollte. Das Gespräch verschafft Klaus Erleichterung und eine starke Verminderung seiner Schuldgefühle.

4. Vorteil **Wer durch eine Aussprache den inneren Druck vermindert, ist ausgeglichener und lässt sich nicht so schnell zu unüberlegten Handlungen hinreißen.**

Fallbeispiel

Sabine will ihren Mann zurückgewinnen. Sie nimmt sich vor, mit einem anderen Mann in seine Stammkneipe zu gehen, sodass ihr Mann eifersüchtig wird und zu ihr zurückkommt. Als sie ihren Freunden von ihrem Plan erzählt, spricht sie zum ersten Mal ganz ehrlich über ihre Gefühle der Einsamkeit. Danach geht es ihr besser und sie beschließt, ihren Racheplan an den Nagel zu hängen, da sie den unzuverlässigen Ehemann eigentlich gar nicht zurückhaben will.

5. Vorteil **Wer durch das Aussprechen seiner Gefühle den inneren Druck mindert, bleibt gesünder.**

Fallbeispiel

Annette fand es nach der Trennung unerträglich, alleine bei sich zu Hause zu sein. Sie konnte nur noch an ihren Freund denken, von dem sie sich in gegenseitigem Einvernehmen getrennt hatte. Sie redete mit Freunden, die ihr anboten, eine Weile bei ihnen zu wohnen. Annette sprach sich gründlich aus und konnte jetzt besser schlafen.

Reden hilft

Über eine Sache zu reden ist wie Licht anmachen, wenn man im Dunkeln Angst hat: Wir sehen klarer und bekommen wieder eine Perspektive. Wer alles nur mit sich im Kopf herumschleppt, verzettelt sich oft mit eigenen Zweifeln und Ängsten. Eine Diskussion mit Freunden oder Verwandten kann oft nicht nur seelisch entlastend, sondern auch tröstend sein.

Unausgesprochene Gefühle erzeugen inneren Druck, und je stärker die Gefühle sind, desto größer ist der Druck. Diesen inneren Druck können wir unbeschadet nur bis zu einem gewissen Grad aushalten. Alles, was darüber hinausgeht, verschafft sich in irgendeiner extremen Form Luft. Großer innerer Druck kann dann darin ausarten, dass Menschen aus Trauer oder Verzweiflung sich oder anderen etwas antun. – Es ist schon paradox: Gerade in einer Zeit, wo wir Zuversicht, starke Nerven, Ausgeglichenheit und einen klaren Kopf bräuchten, sind wir nur ein Häufchen Elend und wissen weder ein noch aus.

Ein einfaches und sehr wirkungsvolles Mittel, den inneren Druck nach einer Trennung loszuwerden, besteht darin, seine Gefühle laut auszusprechen. Indem wir aussprechen, was uns bewegt, stellen wir uns der Situation, und das ist eine Grundvoraussetzung zur positiven Bewältigung der Trennung.

Tipp 1 Sprechen Sie mit jemandem, der Ihnen nahe steht. Das können Freunde sein oder auch Eltern bzw. Geschwister, wenn

Sie zu ihnen einen guten Draht haben. Da hier schon ein Vertrauensverhältnis besteht, müssen Sie nicht jedes Wort auf die Goldwaage legen. Ihre beste Freundin hat ein Interesse daran, Ihnen wieder auf die Beine zu helfen und Sie nach besten Kräften moralisch zu unterstützen. Und wenn Sie eine nette Nachbarin oder Arbeitskollegin auf Ihre veränderte Gemütslage anspricht und Hilfe anbietet, dann ist auch das eine Möglichkeit, sich auszusprechen.

Sprechen Sie z.B. mit einer guten Freundin.

Bei guten Freunden dürfen Sie sich ruhig gehenlassen; wirkliche Freunde vertragen das. Egal, wie unsinnig Ihnen Ihre Gefühle erscheinen, sprechen Sie sie aus! Hier geht es nicht darum, einen Preis in Logik, Rhetorik oder Selbstbeherrschung zu gewinnen, sondern darum, Gefühle zuzulassen und diese auch auszudrücken. Das befreit und nimmt den inneren Druck.

Tipp 2

Seien Sie rücksichtsvoll. Auch wenn es Ihnen noch so schlecht geht, sollten Sie trotzdem zurückhaltend sein mit nächtlichen Anrufen bei Freunden und Verwandten. Haben Sie bitte auch dafür Verständnis, dass Ihre Freunde während der Arbeitszeit nicht ausführlich mit Ihnen über Ihr Problem sprechen können. Es bleibt immer noch genug Zeit, das Gespräch in die Freizeit zu legen.

Wenn Sie mehrere Ansprechpartner haben, dann laden Sie Ihr Seelenleid auch nicht dauernd bei der gleichen Person ab, sondern »verteilen« Sie Ihre Besuche ein bisschen auf verschiedene Leute. Wenn es mitten in der Nacht einmal wirklich nicht mehr geht, dann sprechen Sie sich bei der Telefonseelsorge aus.

Tipp 3 Wenn Sie keinen Ansprechpartner haben, dann sprechen Sie über Ihre Gefühle mit sich selbst. Es mag Ihnen unsinnig erscheinen, Ihre Gefühle laut auszusprechen, obwohl Ihnen niemand zuhört. Trotzdem verändert sich ein Gefühl, wenn es nicht mehr nur im Kopf gedacht, sondern laut ausgesprochen wird.

Übung Hierzu die folgende Übung.

1. Setzen Sie sich irgendwo hin, wo Sie eine Weile niemand stören oder hören kann.
2. Atmen Sie dreimal tief ein und aus. Das beruhigt und macht den Weg frei für mehr Ordnung im Kopf.
3. Sprechen Sie laut aus, was passiert ist und wie Sie sich fühlen. Gehen Sie dabei ganz bewusst ins Detail.
4. Wiederholen Sie diese Übung immer dann, wenn Sie sich besonders niedergeschlagen fühlen.

Diese Übung mag Ihnen zunächst komisch vorkommen. Wenn Sie sie aber ein paar Male durchgeführt haben, werden Sie merken, dass ein Gefühl der Erleichterung eintritt.

Fallbeispiel

Frau Schröder (35) fraß alle Empfindungen in sich hinein, nachdem sich ihr Mann von ihr getrennt hatte. Sie konnte nicht verstehen, warum ihre Ehe zu Ende sein sollte, und war voller Angst und Zweifel über die Zukunft. Seit ihrer Heirat hatte sie sich nicht mehr um ihre Freunde gekümmert, und jetzt war niemand da, dem sie sich anvertrauen konnte. Sie begann, ihre Kinder und sich selbst zu vernachlässigen.

Erst als sie die Lehrerin ihrer jüngsten Tochter auf die Verstörtheit des Kindes ansprach, wurde ihr bewusst, wie sehr sie sich von ihren Kindern distanziert hatte. Jetzt fühlte sie sich nicht nur als unzulängliche Ehefrau, sondern auch als Rabenmutter. Sie hatte das Gefühl, mit den Nerven am Ende zu sein und ging schließlich zu einem Psychotherapeuten. Hier konnte sie zum ersten Mal ihren Gefühlen freien Lauf lassen und alles aussprechen, was sie bewegte. Nach der ersten Sitzung war sie zwar erschöpft, aber auch von ihrem inneren Druck etwas befreit. Sie lernte in weiteren Sitzungen, mit ihren Gefühlen besser umzugehen und konnte dadurch auch ihren Kindern helfen, mit der Trennung besser fertig zu werden.

Sich auszusprechen befreit vom inneren Druck

Tipp 4

Führen Sie ein Trennungs-Tagebuch. Auch das Aufschreiben von Ereignissen, Gefühlen und Gedanken kann hilfreich sein. Genau wie bei einem Gespräch mit Freunden ist es auch beim Tagebuch-Schreiben wichtig, sich seinen Gefühlen zuzuwenden und diese so genau wie möglich schriftlich festzuhalten. Dabei sollten Sie aber nicht nur über die negativen Gefühle berichten, sondern auch über die positiven.

Dieses Trennungs-Tagebuch hilft Ihnen nicht nur, sich Ihre Gefühle von der Seele zu schreiben, sondern erlaubt es Ihnen außerdem, Fortschritte zu erkennen, wenn Sie nach einer Weile noch einmal zu den ersten Tagen zurückblättern.

Tipp 5

Sprechen Sie mit Ihrem Ex-Partner. Sie sollten eine letzte Aussprache haben, um nicht nur praktische, sondern auch gefühlsmäßige Dinge zu klären. Denken Sie aber bitte daran, dass es nur *eine* letzte Aussprache geben kann. Rufen Sie also nicht dauernd bei ihm oder ihr an, um immer wieder die gleichen Fragen zu stellen.

Werden Sie sich zunächst darüber klar, was Sie von ihm/ihr wissen möchten, sodass Sie sich innerlich besser lösen können. Vereinbaren Sie einen Termin, stellen Sie Ihre Fragen und bestehen Sie auf Antworten. Gehen Sie nicht, bevor Sie nicht alle Antworten haben. Akzeptieren Sie aber auch, dass Sie vielleicht Antworten bekommen, die Ihnen nicht passen.

Wenn Ihnen Ihr Ex-Partner keine Antworten geben kann, dann nehmen Sie zumindest die Gelegenheit wahr, Ihre Meinung zu der Trennung darzustellen, und dann gehen Sie. Finden Sie sich nach diesem Abschlussgespräch mit der Trennung ab und erlauben Sie jetzt dem Heilungsprozess zu beginnen.

Mit der Wut umgehen

Lassen Sie Dampf ab – aber gezielt

Wut und Ärger mögen zwar nicht angenehm sein, sind aber doch zumindest ein Anzeichen, dass Sie sich im Trennungsprozess in die richtige Richtung bewegen. Wer wütend ist, kann nicht gleichzeitig deprimiert sein. Bei einer Depression ist der Ärger nach innen gekehrt, und dieser Druck kann krank machen. Dann ist es schon besser, den Dampf nach außen abzulassen.

Dabei sollten Sie aber aufpassen, dass Sie durch Ihre Wut nicht unachtsam werden, besonders dann nicht, wenn Sie hinter dem Steuer sitzen. Wut kann sich manchmal auf das Umfeld des Wütenden verteilen und Unschuldige treffen. Um bei unserem Beispiel zu bleiben: Die anderen Autofahrer sind vielleicht keine idealen Verkehrsteilnehmer, haben aber mit dem Grund Ihrer Wut, nämlich Ihrer Trennung vom Partner, nichts zu tun. Auch Ihre Kinder können nichts dafür, dass Ihr Mann die Scheidung eingereicht hat. Lassen Sie also Ihren Ärger nicht an anderen aus ...

Wenn Sie Ihren Ärger auf konstruktive Weise ablassen wollen, dann gibt es Einiges, was Sie tun können.

Bewegung befreit – körperlich und seelisch.

Tipp 1

Machen Sie sich Luft durch Bewegung und arbeiten Sie Ihren Ärger körperlich ab.

- Gehen Sie schwimmen, aber nicht nur plantschen! Schwimmen Sie Bahnen, bis Sie müde sind.
- Laufen Sie. Joggen oder strammes Gehen hilft ebenfalls, überschüssiges Adrenalin abzubauen.
- Graben Sie den Garten um und reißen Sie Unkraut heraus. Je aggressiver Sie diese Tätigkeiten ausführen, um so befreiender in die Wirkung.

Tipp 2

Schreiben Sie einen gemeinen Brief an Ihren Ex-Partner, den Sie nicht abschicken. Werfen Sie ihm/ihr in diesem Brief alles an den Kopf, was Sie schon immer einmal loswerden wollten. Seien Sie dabei ruhig kleinlich. Malen Sie sich im Geiste aus, welchen Effekt der Brief auf Ihre/n Ex hätte.

Tipp 3

Entfernen Sie alle Dinge aus Ihrer Wohnung, die Sie an ihn/sie erinnern. Werfen Sie weg, was Ihnen sowieso nie gefiel, geben Sie zurück, was dem anderen gehört und von

Wert ist oder packen Sie alles in eine Kiste und verstauen Sie diese im Keller.

Die oben aufgeführten Lösungsmöglichkeiten sind konstruktiv, weil sie aktiv sind. Um auch mental Dampf abzulassen, können Sie außerdem die folgende Ärgerzimmer-Übung machen.

Übung

1. Setzen Sie sich bequem hin und machen Sie die Augen zu.
2. Stellen Sie sich vor, Sie befänden sich in einem Raum, in dem ein Sandsack hängt. Außerdem ist der Raum auch voller Regale mit Tellern, Tassen und Gläsern.
3. Schlagen Sie zunächst einmal mit aller Macht auf den Sandsack ein. Schreien Sie dabei im Geiste und toben Sie, soviel Sie wollen.
4. Gehen Sie im Anschluss in dem Zimmer herum und zerschlagen Sie sämtliches Geschirr. Werfen Sie es mit Wucht an die Wand oder zerschmettern Sie es am Boden.

Prüfen Sie, wie Sie sich nach dieser Übung fühlen. Wenn Sie sie engagiert durchgeführt haben, können Sie jetzt ein Gefühl der Erleichterung feststellen.

Lassen Sie Rachegedanken nur in Ihrer Phantasie freien Lauf

Wann immer Ihnen Rachegedanken kommen, ist das Ärgerzimmer die weitaus bessere Methode, Dampf abzulassen, als Rachepläne in die Wirklichkeit umzusetzen, wie es die folgenden beiden Frauen machten.

Eine Dame war hinter die Treuelosigkeit ihres Freundes gekommen. Während er auf Geschäftsreise war, ging sie in seine Wohnung und machte sich ans Werk: Sie goss Wasser auf seine Perserteppiche und streute Senfsamen darüber. Als er nach zwei Wochen wieder nach Hause kam, erwarteten ihn grüne Teppiche voller kräftig sprießender Senfpflänzchen!

Die andere Dame rief zum Abschied bei ihrem Verlobten zu Hause die Zeitansage in Tokyo an und legte den Hörer neben den Telefonapparat, während er sich über das Wochenende mit der neuen Freundin im teuren Hotel vergnügte …

Fallbeispiel

Herr Weiher (42) hatte viel Verständnis gezeigt für die Kapriolen seiner Partnerin, aber jetzt reichte es ihm. Sie versprach ihm zwar immer wieder, sich zu bessern, tat es aber nie. Schließlich riss Herrn Weiher der Geduldsfaden und er bat seine Partnerin auszuziehen. Sie versuchte zwar, die endgültige Trennung hinauszuschieben, und versprach wieder einmal Besserung, aber Herr Weiher war jetzt nicht mehr umzustimmen. Seine Wut half ihm, standhaft zu bleiben. Nachdem sich seine Partnerin aber weigerte, ihre Sachen abzuholen, stellte er ihre Kleidung in Kartons einfach vor ihre Haustür. Danach fühlte er sich erheblich besser.

Minderwertigkeitsgefühle loswerden

Zuviel Zeit für Selbstkritik

Wer verlassen worden ist, verbringt oft viel Zeit damit, Selbstkritik zu üben. Besonders bei Frauen ist diese Reaktion häufig zu beobachten, aber auch Männer können darunter leiden. (Männer sind es oft nicht gewöhnt, ihre Gefühle offen auszusprechen, und daher kann der Eindruck entstehen, sie hätten keine.) Man fühlt sich hässlich, uninteressant und dumm. Dabei lautet die unterbewusste Logik etwa folgendermaßen: »Wenn ich besser aussähe, hätte er mich bestimmt nicht verlassen!« oder »Wenn ich intelligenter wäre, hätte ich interessantere Gespräche mit ihr führen können und sie wäre heute noch bei mir.«

Mit diesen Argumenten machen Sie also sich selber dafür verantwortlich, dass Ihr Partner das Interesse an Ihnen verloren hat. Sie suchen den Fehler bei sich, um sich so das Verhalten Ihres Partners zu erklären. Sie schauen voll Neid auf all die anderen Frauen bzw. Männer, die so gut aussehen. Sie gehen lustlos zu Festen und Feiern, hören der witzigen Konversation anderer zu (»So gut könnte ich eine Geschichte nie erzählen!«) und fühlen sich frustriert und minderwertig. Und jedesmal, wenn Sie wieder so ein Minderwertigkeits-Erlebnis hinter sich haben, steht für Sie felsenfest: Sie finden nie einen neuen Partner, so unzulänglich wie Sie sind! – Oder vielleicht doch?

Überlegen Sie logisch

Lassen Sie uns das Ganze doch einmal logisch angehen. Sie behaupten also, dass Sie hässlich, dumm und uninteressant sind. Jetzt überlegen Sie einmal, wie es damals war, als Sie Ihren Ex-Partner kennen lernten. Mussten Sie Gewalt anwenden, um ihn zu einer ersten Verabredung mit Ihnen zu zwingen? Nein? Er hat sich also freiwillig mit Ihnen getroffen. Er hat sich sogar nach dem ersten Rendezvous auch weiterhin mit Ihnen getroffen, obwohl er sich mit einer einfachen Ausrede hätte aus dem Staub machen können.

Wie können wir das also erklären? Es gibt zwei Möglichkeiten. Entweder war Ihr Partner damals völlig vertrottelt und hat darum nicht gemerkt, wie hässlich, dumm und uninteressant Sie sind. Oder Sie sind nicht so hässlich, dumm und uninteressant, wie Sie im Augenblick meinen. Wenn Ihr Partner wirklich so eine Niete war, dann können Sie sich jetzt nur beglückwünschen, dass Sie ihn los sind.

Wenn er aber kein Trottel war, dann dürfen Sie sich wohl ruhig Hoffnungen machen, dass Sie einen neuen Partner finden.

Fallbeispiel

Nicole (32) erinnert sich daran, wie es für sie war, als sich ihr Mann vor fünf Jahren von ihr trennte.

»Mein Selbstvertrauen war völlig zerstört. Ich war so verunsichert, dass ich Einladungen grundsätzlich ausschlug. Ich vernachlässigte auch mein Äußeres, weil ich so verzweifelt war. Ich machte mir Vorwürfe, wie ich mir nur hatte einbilden können, mit meinem mittelmäßigen Aussehen einen Mann wie Peter halten zu können. Ich ließ mich auch nicht von Freunden überzeugen, die mir klarzumachen versuchten, dass die Trennung nichts mit meinem Aussehen zu tun hatte, sondern mit Peters Unfähigkeit, treu zu sein. Erst mit einer Therapie begann ich langsam, mein Selbstwertgefühl wieder aufzubauen.«

Nicole führt heute wieder eine glückliche Beziehung.

Schätzen Sie sich richtig ein

Wer eine Trennung mitmacht, steht unter seelischem Stress. Je größer dieser Stress ist, desto größer ist auch unsere Bereitschaft zu unrealistischer Selbstkritik. Dabei müssen wir aber sorgfältig unterscheiden zwischen Selbstkritik und Selbsteinschätzung. Sich selber herunterzumachen hat keinen Zweck; Sie fügen sich damit nur noch größeres Leid zu. Es ist wesentlich sinnvoller, wenn Sie sich selber eher nüchtern einschätzen, und dazu ist man in Phase 1 der Trennung nur selten in der Lage.

Wenn Sie erst einmal aus dem Gröbsten heraus sind, dann sollten Sie ruhig überprüfen, wo Sie in der Vergangenheit Fehler gemacht haben, aber nur dann, wenn Sie aus Ihren Schlussfolgerungen auch praktische Konsequenzen ziehen und an sich arbeiten. Es hat wenig Sinn, diese Erkenntnisse nur dazu zu benutzen, sich selber das Leben zur Hölle zu machen. Dadurch erreichen Sie nichts, außer sich selber unglücklich zu machen, und das können Sie im Moment wirklich überhaupt nicht brauchen.

Gehen Sie gezielt gegen Minderwertigkeitsgefühle vor

Gehen Sie gegen Ihre Minderwertigkeitsgefühle mit der folgenden Übung ganz gezielt vor. Machen Sie sich zunächst einmal klar, dass die negativen, selbstkritischen Gedanken, die Ihnen immer wieder durch den Kof gehen, aus Ihrem Unterbewusstsein kommen. Unser Unterbewusstsein ist dazu da, uns zu beschützen, zu belohnen oder zu trösten, und das tut es auch immer ganz zuverlässig, nur manchmal auf etwas ungeschickte Weise. Wenn wir verzweifelt oder sehr traurig sind, versucht uns unser Unterbewusstsein zu helfen, indem es, wie ein treuer, aber dummer Diener alle unsere Selbstzweifel anschleppt, sodass wir möglichst schnell eine Erklärung für unser Unglück finden und dann zum Heilungsprozess übergehen können. Das Problem liegt nur darin, dass uns diese gut gemeinte Geste nicht aufbaut, sondern nur noch depressiver macht.

Übung

Machen Sie eine Liste mit allen Ihren guten Eigenschaften, die Sie zu einem guten Partner machen. Sie sollten *mindestens* fünf positive Dinge über sich selber sagen können.

Geben Sie sich bei dieser Übung bitte besondere Mühe, denn sie ist sehr wichtig, um ein ausgewogeneres Selbstbild herzustellen. Es gibt niemanden, der nicht auch gute Eigenschaften hat, und Sie sind da keine Ausnahme! – Jetzt geht es mit der zweiten Übung weiter.

Übung

1. Setzen Sie sich bequem hin und schließen Sie die Augen.
2. Stellen Sie sich Ihr Unterbewusstsein als Diener im Frack vor, der Ihnen auf einem Tablett Karten präsentiert, auf

denen jeweils einer Ihrer Selbstzweifel aufgeschrieben ist, z.B. »unattraktiv«, »ungebildet«, »zu dick« usw.
3. Nehmen Sie alle Karten vom Tablett und stecken Sie sie in einen Ordner mit dem Etikett »Zur Bearbeitung«.
4. Lassen Sie jetzt Ihren Diener die positiven Karten (s. Übung 1) holen.
5. Schauen Sie sich jede einzelne Ihrer guten Eigenschaften an, die auf den einzelnen Karten vermerkt sind. Erinnern Sie sich in allen Einzelheiten zurück, wann Sie diese gute Eigenschaft in der Vergangenheit gezeigt haben.
6. Unterweisen Sie Ihren Diener jetzt darin, dass Sie nur die positiven Karten sehen möchten, wenn Sie niedergeschlagen sind. Mit den anderen Karten beschäftigen Sie sich dann, wenn es Ihnen besser geht.

Aller Wahrscheinlichkeit nach sind Sie nicht so unattraktiv als Mensch, wie Sie glauben, und Ihr Ex-Partner nicht ganz so wunderbar, wie Sie einmal dachten. Kommen Sie also erst einmal etwas zur Ruhe, bevor Sie mit dem Nachruf auf Ihre eigene Person beginnen. Dazu ist auch später noch Zeit.

Fangen Sie jetzt mit Veränderungen an

Und wenn Sie wirklich etwas an Ihrem Aussehen stört, dann unternehmen Sie doch jetzt sofort etwas, um das zu ändern. Legen Sie sich einen neuen Haarschnitt zu, gehen Sie zur Farbberatung oder kaufen Sie sich etwas Neues zum Anziehen. Wenn Sie mit Ihrer Bildung nicht zufrieden sind, dann schreiben Sie sich zu einem Kurs ein und fangen Sie an, regelmäßig Zeitung zu lesen, um informiert zu sein. Wenn Sie etwas an sich stört, dann fangen Sie jetzt an, etwas dagegen zu unternehmen.

Sie können nicht alles an sich ändern, aber vieles. Mit etwas Initiative lässt sich die Zeit als Single nutzen, am Selbstbewusstsein zu arbeiten und eine positive Einstellung zu

Ein Lächeln macht fröhlich und attraktiv.

sich selbst und zu seinem Leben zu gewinnen. So eine positive Ausstrahlung macht Sie attraktiver, nicht nur sich selbst, sondern auch anderen gegenüber. Selbstmitleid oder Selbstentwicklung – die Wahl liegt bei Ihnen.

Schuldgefühlen begegnen

Vielleicht sind Sie ja die- oder derjenige, die/der Schluss gemacht hat, und jetzt plagen Sie immer wieder starke Schuldgefühle. Sie haben Ihrem Partner mitgeteilt, dass Sie aus der Beziehung herauswollen und haben damit die Gefühle Ihres Partners ganz offensichtlich verletzt und aufgewühlt. Entsprechend ungemütlich fühlen Sie sich jetzt in Ihrer Haut. Ob Sie vielleicht einfach nur ein sehr egoistischer Mensch sind?

Sie denken an die früheren schönen gemeinsamen Zeiten, und Ihr Partner erinnert Sie vielleicht an all das, was er/sie für Sie getan hat. Langsam fangen Sie an, sich undankbar zu fühlen und argwöhnen, dass Sie eventuell zu pingelig sind …

Sie trennten sich nicht ohne Grund

Denken Sie aber daran, dass Sie die Trennung nicht ohne guten Grund vorgeschlagen haben. Besonders, wenn Sie gewisse Probleme schon mehrfach in der Beziehung angesprochen haben und sich trotzdem nichts geändert hat – dann hat es keinen Sinn, die Beziehung fortzusetzen.

Besonders Frauen haben die Tendenz, aufgrund ihrer Schuldgefühle Rückzieher zu machen. Sie beschweren sich über das schlechte Benehmen oder die Macken ihres Partners und tun das auch immer wieder. Wenn sich trotzdem nichts ändert, reisst ihnen der Geduldsfaden und sie bitten den Partner schließlich zu gehen. Wenn der Partner dann aber nach dieser Eröffnung sehr erschüttert scheint, fallen viele Frauen schnell um und versuchen, Entschuldigungen für das unakzeptable Benehmen des Partners zu finden. »Er kann ja nichts dafür, dass er mich dauernd runtermacht. Seine Mutter hat mit ihm schließlich das Gleiche getan …«, oder: »Er ist eben faul, weil er in der Kindheit nie zum Helfen angeleitet wurde.«

Das mag ja alles stimmen, ändert aber nichts an der Tatsache, dass Sie sein Verhalten stört. Es hat also wenig Sinn, gleichzeitig Anklägerin und Verteidigerin spielen zu wollen. Tatsache ist, dass er es nicht geschafft hat (oder nicht willens war), sein Verhalten zu ändern, obwohl Sie es oft genug angesprochen haben. Sie sind weder seine Mutter noch seine Psychotherapeutin und brauchen deshalb nicht ewig zu warten, bis er Schritte unternimmt, das Seinige zu tun, damit die Beziehung besser läuft.

Sie brauchen nicht ewig auf Besserung zu warten

Tipp

Wenn Sie beim Gedanken an Ihren Ex-Partner das Wort »eigentlich« gebrauchen, dann sind Sie im Begriff, sich selber etwas vorzumachen:
»Eigentlich ist er/sie gar kein so schlechter Mensch.«
»Eigentlich bemüht er/sie sich doch immer.«
»Eigentlich passen wir doch gar nicht so schlecht zusammen.«

Das Wort »eigentlich« leitet einen Versuch der Gefühlsvernebelung ein. Achten Sie jetzt lieber auf das »aber«, das danach kommt, weil es Ihren wahren Gefühlen viel näher kommt:

»Eigentlich ist er/sie gar kein so schlechter Mensch, *aber trotzdem bringt er/sie mich dauernd auf die Palme.*«
»Eigentlich bemüht er/sie sich immer, *aber letztendlich schafft er/sie es doch nicht.*«
»Eigentlich passen wir doch gar nicht so schlecht zusammen, *aber trotzdem scheinen wir uns kaum noch etwas zu sagen zu haben.*«

Übung

1. Schreiben Sie auf einem Blatt Papier mindestens drei Sätze auf, die mit »eigentlich« beginnen und sich auf Ihren Ex-Partner beziehen.
2. Setzen Sie diese Sätze jetzt mit »aber« fort.
3. Überlegen Sie einmal: Wie hat sich die Aussage jetzt verändert? Wie hat sich durch das Anhängen des »Aber-Satzes« Ihr Gefühl geändert?

Schuldgefühle kann man sich selber machen, sie können einem aber auch von außen aufgebürdet werden. Nachbarn, Freunde und Verwandte erzählen Ihnen vielleicht, wie schlecht es Ihrem Ex geht und wie sehr ihm/ihr die Trennung zu schaffen macht. Oder Ihr Partner wirft Ihnen vor, dass Sie gefühllos seien und dass Sie nie jemanden finden werden, der Ihren übertriebenen Ansprüchen genügt. In extremen Fällen droht der verlassene Partner sogar mit Selbstmord.

Sie sind nicht egoistischer als andere

Sie werden also beschuldigt, ein grausamer und egoistischer Mensch zu sein. Warum will Ihr Partner Sie dann zurück? Lassen Sie sich nicht erpressen. Wenn Ihnen jemand Egoismus vorwirft, weil er/sie Sie nicht gehen lassen will, dann ist er/sie mindestens ebenso egoistisch wie Sie. Sie sind also quitt.

Selbstverständlich sollten Sie Selbstmorddrohungen nicht auf die leichte Schulter nehmen. Denken Sie aber daran, dass Sie niemanden davon abhalten können, sich das Leben zu nehmen, wenn er es wirklich will. Wer häufig mit Selbstmord droht, wenn er nicht bekommt, was er will, der setzt sich dem Verdacht aus, andere zu manipulieren. Da hilft nur noch, standhaft zu bleiben.

Fallbeispiel

Herr Lützows Mutter (62) war mit den Auszugsplänen ihres Sohnes (30) ganz und gar nicht einverstanden. Sobald ihr Sohn Anstalten machte, sich eine eigene Wohnung zu suchen, versuchte sie mit allen Mitteln, ihn davon abzubringen. Wenn gar nichts anderes mehr fruchtete, drohte sie mit Selbstmord. Das war schon mehrmals so gegangen, und jedes Mal hatte Herr Lützow seine Pläne abgeblasen. Dabei wurde er aber immer wütender, weil er wirklich nicht mehr bei seiner Mutter wohnen wollte, die ihn dauernd wie einen kleinen Jungen behandelte.

Schließlich platzte ihm der Kragen. Als seine Mutter das nächste Mal mit Selbstmord drohte (»Ich stürze mich aus dem Fenster!«), bot er sich an, sie zum nächsten Hochhaus der Stadt zu fahren, damit »es auch ganz bestimmt beim ersten Mal klappt!«

Danach drohte Frau Lützow nie mehr mit Selbstmord und ließ den Sohn ausziehen.

Keine Macht der Einsamkeit

Angst vor dem Alleinsein

Auch wer in einer schlechten Beziehung lebt, trennt sich oft nur ungern, aus Angst vor dem Alleinsein und Gefühlen der Einsamkeit. Während in einer Beziehung beim Essen, Fernsehen oder Ausgehen Zweisamkeit herrscht, auch ohne dass dabei Gespräche stattfinden, tut sich nach der Trennung in den gleichen Situationen ein Leerraum auf. Solange man weiss, dass der Partner auf Geschäftsreise und daher nur zeitweise abwesend ist, stellt das Alleinsein für die meisten Menschen kein Problem dar. Ist aber erst einmal eine Trennung endgültig vollzogen, dann sieht das Alleinsein mit einem Mal ganz anders aus.

Angst als »Beziehungskitt«

Die Angst vor der Einsamkeit hat schon so manche untragbare Beziehung zusammengehalten, nach dem Motto »Lieber eine schlechte Beziehung als gar keine«. Früher hat man sich vielleicht gefreut, Zeit für sich zu haben, wenn der Partner nicht zu Hause war. Nach der Trennung kann man dieses Alleinsein aber nicht mehr genießen. Stattdessen fühlt man sich einsam und verlassen. Der Partner ist nicht mehr da, doch alles um einen herum erinnert an ihn. Es liegen wahrscheinlich noch einige seiner Sachen in der Wohnung herum, und jedes Mal, wenn Ihr Blick auf diese Gegenstände fällt, bleibt Ihnen das Herz fast stehen. Sie haben die Person verloren, die Ihnen am nächsten stand, und Sie trauern um sie.

Tipp 1

Wenn Sie sich manchmal Ihrer Einsamkeit besonders schmerzlich bewusst sind, dann prüfen Sie, ob Sie diese Einsamkeit nicht schon aus der Zeit des Zusammenseins mit Ihrem Ex-Partner kennen. Besonders, wenn eine Beziehung nicht mehr funkioniert, kann man sich sogar in Gegenwart des Partners sehr einsam fühlen, zum Beispiel, weil man sich nichts mehr zu sagen hat. Manchmal hilft diese Erkenntnis zumindest zeitweise über die schmerzhaften Gefühle der Gegenwart hinweg.

Das Alleinsein nach der Trennung ist ein notwendiger Teil des Trauer– und Ablösungsprozesses. Gefühle können jetzt ungehindert an die Oberfläche treten und lassen sich so besser verarbeiten. Denn was wir an Emotionen verdrängen oder nicht wahrhaben wollen, geht dadurch nicht weg, sondern gewinnt sogar an Macht. Das kann noch Jahre später negative Konsequenzen haben.

Eine Art der Verdrängung besteht darin, sich sofort nach der Trennung in eine neue Beziehung zu stürzen. Damit ist jedoch eine Katastrophe programmiert, da man ja innerlich noch gar nicht mit der alten Beziehung abgeschlossen hat. Die unausgelebte Trauer wirkt sich dann auch entsprechend negativ auf die neue Beziehung aus.

Tipp 2

Sagen Sie sich immer wieder in Gedanken, dass Ihre Einsamkeitsgefühle zwar unangenehm, aber normal sind.

Notwendige Zwischenstationen

Das Alleinsein sowie die Gefühle der Einsamkeit sind notwendige Zwischenstationen auf dem Weg zurück in die Normalität. Das heißt allerdings nicht, dass Sie wochenlang alleine zu Hause sitzen und sich Ihren Trauergefühlen hingeben müssen. Gerade jetzt brauchen Sie neben dem Alleinsein auch Ablenkung. Sie haben hoffentlich auch während Ihrer Beziehung den Kontakt zu Freunden aufrechterhalten und sollten sich jetzt an sie wenden. Es ist jetzt hilfreich, die Wärme von Freundschaften zu erfahren, denn auch das Aussprechen von Gefühlen hilft, wie wir schon angesprochen haben, eine Trennung seelisch zu verarbeiten.

Tipp 3

Wer viel allein ist, braucht Körperkontakt. Gehen Sie besonders in Phase 1 regelmäßig zur Massage (Rücken oder auch Fußreflexzonen). Das löst nicht nur körperliche und seelische Spannungen, sondern verhilft Ihnen auch zum nötigen Hautkontakt.

Damit die Zeit der Trauer nicht überhand nimmt, müssen Sie jetzt Ihr eigener bester Freund sein. Sorgen Sie für Ab-

Lenken Sie sich ab

wechslung. Schleppen Sie sich sozusagen selber ins Kino oder zu Freunden, auch wenn Ihnen nicht danach ist. Abends oder morgens im Bett haben Sie noch Zeit genug, traurig zu sein und zu weinen. Nehmen Sie in Kauf, dass das Ausgehen im Moment noch Mühe und wenig Spaß macht, aber tun Sie es trotzdem. Die Zeit heilt wirklich viele Wunden, und der nächste Mann bzw. die nächste Frau ist sowieso schon zu Ihnen unterwegs...

Fallbeispiel

Herr Frisch (36) hatte vor einem halben Jahr die Trennung von seiner langjährigen Lebensgefährtin durchgemacht. Er konnte nicht schlafen, nicht essen, und er rauchte wie ein Schlot, obwohl er das Rauchen vor drei Jahren aufgegeben hatte.

»Wenn ich alleine zu Hause sitze, kann ich die Einsamkeit kaum aushalten. Es ist wie ein körperlicher Schmerz, der mich nicht loslässt. Ich glaube, darum rauche ich auch wieder. Irgendwie versuche ich, mich damit zuzunebeln, obwohl ich eigentlich weiß, dass es nicht wirklich hilft.« Herr Frisch sah aber nicht ein, warum er sich ablenken sollte. »Ich will nicht weggehen – ich will meine Partnerin wieder! Ich habe keine Lust, meine Freunde zu sehen. Mir ist einfach nicht danach!« Herr Frisch verfiel in eine starke Depression und wurde schließlich von seinem Arzt auf Antidepressiva gesetzt.

Abstand gewinnen zu Schmerzgefühlen

Wer mit kleinen Kindern zu tun hat, weiß, wie oft man sie mit Ablenkungsmanövern wieder fröhlich machen kann, wenn sie gerade geweint haben. Man lenkt ihre Aufmerksamkeit von der Ursache ihres Unmuts weg hin zu etwas,

was lustig, spannend oder auf andere Weise unterhaltsam ist.

Sind wir als Erwachsene niedergeschlagen oder verärgert, dann können wir uns auf ähnliche Weise aus der Misere manövrieren: Wir reden uns selber gut zu (s. S. 86 f, Positives Denken) und wir lenken uns ab. Sie brauchen dabei keine Bedenken zu haben, dass Sie durch die Ablenkung die Trennung seelisch nicht richtig verarbeiten. Ablenkungen erlauben Ihnen, zwischen Phasen der Traurigkeit oder Verzweiflung gefühlsmäßig Luft zu schnappen. Mit den Gründen für die Trennung sollten Sie sich aber trotzdem auseinandersetzen, damit Sie später nicht noch einmal die gleichen Fehler machen (s. Kapitel 3).

So gewinnen Sie Abstand

Ablenkung erlaubt Ihnen, Abstand zu Ihren Problemen zu gewinnen, und verhindert, dass Sie sich in ein schmerzhaftes Gefühl zu sehr hineinsteigern. Die Intensität Ihrer Gefühle hat nichts mit der Qualität der Trennungsverarbeitung zu tun. Wer sich ablenkt, nimmt den schmerzhaften Gefühlen die Schärfe, verkürzt die Leidenszeit und kann somit schneller ins normale Leben zurückkehren.

Wie können Sie sich denn nun ablenken? Hier sind einige Vorschläge:

- Lesen Sie ein spannendes Buch.
- Halten Sie Kontakt zu Freunden und Verwandten.
- Nehmen Sie Einladungen so oft wie möglich an (nur keine von Ihrem Ex-Partner!)
- Stürzen Sie sich in Ihre Arbeit.
- Machen Sie einen Fortbildungskurs, der Ihnen bei der Karriere förderlich ist.
- Gehen Sie regelmäßig ins Kino, Theater, Konzert oder zu Ausstellungen.

Nur wer hinausgeht, wird wieder die Sonne lachen sehen.

- Helfen Sie anderen, zum Beispiel einer älteren Nachbarin. Das bringt oft die eigenen Probleme in eine neue Perspektive.
- Lernen Sie etwas Neues – besuchen Sie einen Abendkurs.
- Ändern Sie Ihre Tagesroutine, indem Sie einen anderen Weg zur Arbeit oder zum Einkaufen gehen/fahren.
- Räumen Sie zu Hause gründlich auf: Werfen Sie endlich einmal alten Kram weg!

Es gibt unzählige Ablenkungsideen

Diese Liste können Sie natürlich beliebig erweitern, ganz nach Lust und Laune. Ihre Ablenkungsideen brauchen auch in keiner Weise nützlich oder vernünftig zu sein. Achten Sie aber darauf, dass Sie sich etwas aussuchen, was Ihnen Aktivität abverlangt und was Sie interessiert. Schielen Sie bitte nicht nach Unternehmungen, bei denen Sie hoffen, Ihren alten Partner wiederzusehen oder einen neuen Partner kennenzulernen (s. Jo-Jo-Effekt, S. 68, und Lückenbüßer-Beziehung, S. 77). Damit tun Sie weder sich noch dem anderen einen Gefallen.

Um die Ablösung vom ehemaligen Partner zu erleichtern, beschreiben wir Ihnen jetzt gleich eine Übung, die zwar anfangs etwas unangenehm ist, die aber letztendlich zu einer Abschwächung des Schmerzgefühls beim Gedanken an den Ex-Partner führt.

Übung

1. Machen Sie es sich in einem Sessel oder auf dem Bett bequem.
2. Schließen Sie die Augen und atmen Sie dreimal tief ein und aus.
3. Stellen Sie sich jetzt im Geiste ein Bild Ihres Ex-Partners vor. Richten Sie Ihre Aufmerksamkeit auf die Gefühle in Ihrem Bauchbereich, während Sie sich dieses Bild vorstellen. Wahrscheinlich können Sie jetzt ein aufwühlendes Gefühl in der Magengegend spüren.
4. Lassen Sie jetzt das Bild im Geiste kleiner und kleiner werden und achten Sie darauf, wie sich das Gefühl in der Bauchgegend verändert. Wenn Sie es richtig machen, vermindert sich das unangenehme Gefühl um so mehr, je kleiner Ihr Mental-Bild wird.

Ihr Partner – nur noch ein Foto

Wenn Sie Schwierigkeiten haben, vor Ihrem geistigen Auge zu sehen, wie das Bild kleiner wird, dann stellen Sie sich doch einfach vor, jemand hielte Ihnen ein Foto dicht vors Gesicht und dann immer weiter weg von Ihnen, bis Sie nicht mehr erkennen können, was auf dem Foto dargestellt ist.

Diese Mental-Übung werden Sie einige Male wiederholen müssen, bis Sie feststellen, dass die Schmerzgefühle beim spontanen Denken an den Ex-Partner nur noch in geringem Maße auftreten. Nutzen Sie also jede Gelegenheit, diese Übung zu wiederholen. Ideale Übungsmöglichkeiten bieten sich zum Beispiel während einer Busfahrt, im Wartezimmer beim Arzt, abends im Bett vor dem Schlafengehen oder wenn Sie tagsüber eine Arbeitspause einlegen. Eine Kursteilnehmerin hatte beispielsweise mit einer Kombination aus Ablenkung und Mental-Übung sehr guten Erfolg.

Fallbeispiel

Frau Gerber (27) hatte es gestört, dass sie ein Jahr nach der Trennung von ihrem Freund noch immer sehr viel Zeit damit verbrachte, an ihn zu denken. In einem unserer Seminare hatte sie daher die Mental-Übung (s. S. 47) gelernt, die sie auch zu Hause regelmäßig anwendete. Gleichzeitig hatte sie beschlossen, ihr Leben wieder nach eigenen Vorstellungen zu gestalten und sich für einen Kurs eingeschrieben, der ihr bei der Arbeit zugute kommen würde.

»Meine Zeit abends ist jetzt mit Lernen ausgefüllt. Ich treffe mich auch mit anderen Teilnehmern außerhalb des Kurses, um mit ihnen gemeinsam das Kursmaterial noch einmal durchzuarbeiten. Obwohl ich den Kurs anfangs nur als Ablenkung betrachtet hatte, bin ich jetzt ganz Feuer und Flamme und er macht mir großen Spaß. Die Gedanken an meinen ehemaligen Partner sind inzwischen deutlich in den Hintergrund getreten und ich fühle mich endlich wesentlich wohler.«

3

KAPITEL

Was ist eigentlich schief gegangen?

Jede Beziehung hat ihre Höhen und Tiefen; das gehört zum Leben dazu. Solange die Beziehung grundsätzlich in Ordnung ist und sich die Partner über Differenzen aussprechen, können Probleme gemeinsam überwunden werden, was wiederum hilft, die Beziehung zu festigen.

In Ihrem Falle ist aber etwas schief gelaufen, denn Ihre Beziehung ist an einer Krise gescheitert. Das Kind ist also bereits in den Brunnen gefallen, und Sie fragen sich jetzt vielleicht, was es noch für einen Zweck hat, das Scheitern der Beziehung näher zu untersuchen. »Da kann ich jetzt sowieso nichts mehr dran machen!«

Wichtig ist, die Gründe der Trennung zu kennen

Aber wie der spanische Philosoph George de Santayana sagte: »Wer sich der Vergangenheit nicht erinnert, ist dazu verdammt, sie erneut zu durchleben.« Das soll nicht heißen, dass Sie auf ewig der alten Beziehung nachhängen sollen, sondern vielmehr, dass es notwendig ist zu analysieren, woran es lag, dass die Beziehung in einer Trennung endete.

Wenn Sie sich erst einmal die Gründe klargemacht haben, die zur Trennung führten, dann können Sie in einem weiteren Schritt nach den Warnsignalen suchen, die Ihnen die Trennung angekündigt haben. Auf diese Weise schützen Sie sich davor, beim nächsten Partner den gleichen Fehler noch einmal zu machen. Wenn man schon leidet, dann sollte das Leiden zumindest einen Lerneffekt haben!

Wir wollen uns im Folgenden zunächst einmal die Gründe ansehen, weshalb eine Beziehung scheitern kann.

Man passt nicht zusammen

Ziehen sich Gegensätze wirklich an?

Man sagt oft, dass sich Gegensätze anziehen. Das mag stimmen, aber ob sich daraus letztendlich eine feste Beziehung entwickeln kann, ist nicht so sicher. Es gibt jedoch eine Reihe von Gründen, warum Menschen mit gegensätzlichen Persönlichkeiten und/oder Ansichten aufeinander »fliegen«. Hier sind einige dieser Gründe.

Fallbeispiel

»Ich bete dich an!«

Peter (23) hatte sich unsterblich in Gabi (26) verliebt. In seinen Augen war sie die wunderbarste Frau der Welt. Er erzählte all seinen Freunden von ihr und brachte schließlich den Mut auf, sie ins Café einzuladen. Gabi willigte ein und schon bald begannen sie, sich regelmäßig zu treffen.

Zwar hatte Gabi nur wenig Zeit für Peter und machte auch oft abfällige Bemerkungen über ihn und seine Freunde, aber Peter sagte sich, dass das eben Gabis Art von Humor sei und sie es sicher nicht so meinte. Schon nach kurzer Zeit schmiedete Peter Hochzeitspläne, obwohl ihm seine Freunde erzählten, sie hätten Gabi mit einem anderen Mann gesehen.

Peter beschloss, diese »Unkenrufe« zu ignorieren. Er wollte Gabi auch nicht auf diese Gerüchte ansprechen, um sie nicht zu beleidigen. Zwei Monate später verließ sie ihn wegen eines anderen Mannes. Peter war am Boden zerstört und konnte nicht verstehen, warum sie ihn verlassen hatte ...

Liebe macht blind

Peters Fall mag extrem sein, er ist aber keineswegs eine Seltenheit. Für manchen hat das Verliebtsein einen verheerenden Einfluss auf seinen gesunden Menschenverstand. Der Betroffene sieht die angebetete Person nicht, wie sie wirklich ist, sondern so, wie er sie sehen will. Er liebt eine Phantasie-Gestalt, die in Wirklichkeit nicht existiert. Seine Liebe ist einseitig. Das würde er sich aber nie eingestehen, und so übersieht er sämtliche Warnsignale. Wenn ihn andere auf Unstimmigkeiten aufmerksam machen, hat er immer sehr schnell Erklärungen zur Hand. Wer eine andere Person anbetet, kehrt oft Unangenehmes unter den Teppich und entschuldigt unakzeptables Benehmen. Das ist ein bisschen so, als wollte man Puzzlestücke mit der Schere passend zurechtschneiden: Der Fehlschlag für das Resultat ist programmiert.

»Mit der Heirat wird alles anders.«

Sie sind sich vielleicht bewusst, dass es Differenzen gibt, hoffen aber, dies durch die Stärke Ihrer Gefühle zum Partner überbrücken zu können. Obwohl es Unstimmigkeiten gibt, meinen Sie, diese durch die Eheschließung ausgleichen zu können. Sie haben die romantische Vorstellung, dass durch die Ehe Ihre Liebe zueinander gefestigt wird und Ihr Partner sich so ändert oder Sie sich besser mit Dingen abfinden können, die Sie jetzt noch belasten oder ärgern.

Fallbeispiel

Karin (25) war seit zwei Jahren mit Ernst (28) verheiratet und gar nicht froh über gewisse Aspekte ihrer Ehe. Ernst hatte aus beruflichen Gründen regelmäßige gesellschaftliche Verpflichtungen wahrzunehmen, an denen auch Karin teilnehmen musste. Karin fiel es leicht, bei diesen Veranstaltungen mit anderen ins Gespräch zu kommen und genoss diese abendlichen Veranstaltungen im Großen und Ganzen.

Unzufriedenheit mit dem Verhalten des Partners

Was ihr aber zu schaffen machte war die Art, wie sich ihr Mann aufführte. Obwohl er normalerweise eher ein ruhiger Typ war, entwickelte er sich bei gesellschaftlichen Anlässen zu einem unangenehmen Großmaul, das um jeden Preis im Mittelpunkt stehen musste. Er unterbrach andere oft mitten im Satz oder mischte sich ungebeten in private Unterhaltungen ein. Er wollte immer alles besser wissen und musste darum dauernd das letzte Wort haben.

Dieses Problem war aber keineswegs neu. Schon vor der Ehe hatte es deswegen öfters Krach gegeben. Karin hatte jedoch insgeheim gehofft, dass sich das nach der Eheschließung legen würde oder sie sich weniger über sein Verhalten aufregen würde. Das war aber leider nicht der Fall. Streitereien häuften sich und die Ehe ging schließlich in die Brüche.

Die Ehe ist kein Allheilmittel für Probleme.

Warum glauben wir eigentlich, die Ehe sei das Allheilmittel für alle unsere Beziehungsprobleme? Es ist doch eigentlich logisch, dass dies eine unrealistische Erwartung ist.

Heirat produziert Stress. Man hat sich offiziell festgelegt, und wenn man das Ehegelöbnis ernst nimmt, dann hat man sich für den Rest seines Lebens festgelegt. Auch wenn sich von außen besehen nicht viel geändert haben mag (man hat vielleicht schon vor der Ehe zusammengewohnt), so verändert das offizielle Ja-Wort doch eine ganze Menge auf der emotionalen Ebene. Wer kann schon ehrlich sagen, dass er sich vor der Hochzeit nicht bei gelegentlichen Zweifeln erwischt hat: »Bin ich jetzt vielleicht dabei, den größten Fehler meines Lebens zu machen?«

Eine Eheschließung bedeutet auch Stress

Durch den Stress der Eheschließung werden Probleme, die schon vor der Ehe bestanden haben, schlimmer und nicht besser. Wer unter Stress steht, wird mit Schwierigkeiten weniger gut fertig. Wenn größere Probleme schon in der Anfangszeit der Beziehung auftraten, während beide Partner sich noch von ihrer besten Seite zeigten, dann ist es sehr unwahrscheinlich, dass sich diese Probleme nach der Heirat in Luft auflösen.

»Ich brauche dich!«

Gegensätzliche Persönlichkeiten ziehen sich auch dann manchmal an, wenn sich die Schwächen der Partner ergänzen. Einer der Partner ist vielleicht schüchtern und hilflos, der andere dagegen übernimmt gerne die Führung und möchte dauernd Anweisungen geben. Auf diese Weise bekommt jeder der Partner, was er braucht: Der Schüchterne kann erleichtert aufatmen, weil er endlich jemanden hat, der ihm alle Entscheidungen abnimmt, und der Dominierende kann Vorherrschaft üben und hat das Gefühl, gebraucht zu werden.

Eine weitere Typenkombination ist der Faule und der Arbeitswütige. Dabei schafft und wirkt der Arbeitswütige Tag und Nacht und fühlt sich wichtig, während der Faule sich einen schönen Lenz macht und sich im Nichtstun übt.

Auf den ersten Blick scheinen sich diese Paare wunderbar zu ergänzen, aber nach einer Weile kann es sein, dass sich einer der Partner weiterentwickelt und seine Schwäche überwindet. Sobald das geschieht, ergibt sich natürlich ein Ungleichgewicht in der Beziehung: Der andere wird auf einmal nicht mehr gebraucht.

Fallbeispiel

Iris (20) war zu Hause nie recht glücklich gewesen. Ihre Mutter war übermäßig beschützend und versuchte noch immer, Iris in Watte zu packen.

Iris nahm darum die erste Gelegenheit wahr, nach einem Jahr des Studiums von zu Hause auszuziehen: Sie setzte nach vielen Gesprächen mit den Eltern endlich durch, dass sie sich ihre eigene Studentenbude suchen durfte. Nach der anfänglichen Euphorie, dem Elternhaus entkommen zu sein, stellten sich aber schnell Probleme ein. Iris hatte nie gelernt, mit Geld umzugehen, selbständig Entscheidungen zu treffen oder mit dem Alleinsein fertig zu werden. Ihre Hilflosigkeit führte zu Angstzuständen, wodurch es ihr noch schwerer fiel, mit den alltäglichen Anforderungen des Studentenlebens fertig zu werden.

Die Beziehung als Flucht vor Selbständigkeit

Zu ihrer großen Erleichterung lernte sie Michael (23) kennen, der nett und verständnisvoll war und sich um sie kümmerte. Er tapezierte ihre Studentenbude für sie, nahm ihr schwierige Entscheidungen ab und kümmerte sich auch sonst um alle Probleme, die sie hatte. Schon bald entwickelte sich aus der Freundschaft eine Beziehung.

Mit Michaels Hilfe sowie der eines Psychotherapeuten wurde Iris allmählich selbständiger. Aber je selbstbewusster sie wurde, desto weniger brauchte sie Michael. Sie begann sich von Michael wegzuentwickeln, und damit kam er nicht mehr klar. Er wollte ihr noch immer Ratschläge geben und Entscheidungen für sie treffen, aber Iris lehnte das jetzt ab. Nach drei Jahren ging die Beziehung schließlich in die Brüche.

Manchmal ist es möglich, solche Beziehungen zu retten. Dazu muss aber vonseiten des Partners, der sich nicht weiterentwickelt hat, die Bereitschaft bestehen, dies nachzuholen, zur Not mit fachmännischer Hilfe. Michael in unserem obigen Fallbeispiel lehnte das aber ab. Seiner Ansicht nach war Iris unvernünftig, wenn sie nicht mehr auf ihn hören wollte. Er konnte ihre neue, selbstbewusstere Haltung nicht als einen positiven Entwicklungsschritt akzeptieren, sondern betrachtete sie als eine durch die Therapiestunden herbeigeführte negative Aufmüpfigkeit.

Untreue

Der Seitensprung kommt nicht von ungefähr

Seitensprünge passieren, wenn in einer Beziehung etwas nicht stimmt. Wenn die Partnerschaft gerade in Schwierigkeiten steckt, ist es wesentlich wahrscheinlicher, dass sich ein Partner zu einer Affäre hinreißen lässt, als wenn in der Ehe alles in Ordnung ist. Wenn einer der Partner das Gefühl hat, ihm werde nicht genug körperliche oder emotionale Nähe entgegengebracht, dann wird er sich eher überreden lassen, wenn ihm das von anderer Seite angeboten wird.

Ein Mangel an Zärtlichkeit und Intimität (und dazu gehört auch Sex) macht einsam und frustriert, weil man sich nicht begehrt fühlt. Wer nicht immer wieder einmal in den Arm genommen wird, fühlt sich ungeliebt, egal, ob er nun zwei oder 62 Jahre alt ist. Händchen halten, Arm in Arm gehen, nahe auf dem Sofa beieinandersitzen: all das ist wichtig, damit man sich in einer Beziehung wohl fühlt.

Wer das nicht bekommt, fühlt sich schnell vernachlässigt und lässt sich eher dazu verführen, der Versuchung nachzugeben, wenn ein anderer Mensch Interesse an ihm zeigt.

Die Flucht in eine Affäre kann auch durch Eifersucht verursacht werden. Wenn einer der Partner den anderen dauernd der Untreue verdächtigt, kann es dazu führen, dass der Beschuldigte schließlich wirklich eine Affäre anfängt. Wenn er den Partner nicht von seiner Treue überzeugen kann, dann wird er jetzt wenigstens nicht mehr zu Unrecht beschuldigt …

Eifersucht hat mit Unsicherheit zu tun

Eifersucht hat mit Liebe nichts zu tun. Eifersucht ist wie ein Loch ohne Boden, in das man Liebe, Beteuerungen und Loyalität hineinschütten kann bis zum Sankt-Nimmerleins-Tag, ohne den geringsten Nutzen. Eifersucht entsteht aus einem Gefühl der Unsicherheit und Minderwertigkeit heraus. Dabei hat der eifersüchtige Partner oft selber eine Tendenz zur Untreue, obwohl er das meistens als nebensächlich abtut (»Es war ja nichts Ernstes …!«). Doppelte Moral par excellence!

Und dann gibt es da noch die sogenannten offenen Beziehungen, in denen jeder machen kann, was er will. Dieses Arrangement galt lange Zeit als Zeichen der Toleranz und Unverklemmtheit, ist aber in den meisten Fällen tatsächlich ein Zeichen der Bindungsunfähigkeit. Entsprechend unbefriedigend bleiben diese Beziehungen dann auch.

Fallbeispiel

Petra (27) kannte Martin (42) seit einem Jahr. Sie zogen relativ schnell zusammen und vereinbarten von vornherein, sich nicht mit »spießiger« Monogamie aufzuhalten.

»Das ging aber eigentlich nie gut«, erzählte Petra. »Martin sagte mir abends manchmal ganz offen, dass er wahrscheinlich über Nacht wegbleiben würde. Ich war dann ziemlich sauer auf ihn und habe nachts kein Auge zugekriegt. Aber ich konnte ja nichts sagen – immerhin war die offene Beziehung meine Idee gewesen.«

Um sich an Martin zu rächen, ließ sich Petra ab und zu immer wieder einmal mit einem anderen Mann ein. »Ich bin wirklich abends mit dem Vorsatz weggegangen, jemanden kennenzulernen, um Martin zu zeigen, dass ich ihm in nichts nachstand.«

Trotz des ursprünglich gemeinsam vereinbarten Übereinkommens gab es immer öfter Streit. Keiner von beiden ertrug es wirklich, den anderen teilen zu müssen. Schließlich einigte man sich auf eine konventionellere Beziehung. Petra wurde schwanger, aber Martin ging auch weiterhin manchmal alleine weg und kam nachts nicht nach Hause. Petra, die sich jetzt mit Kind abhängiger fühlte, kam mit Martins lockerer Einstellung zu ihrer Beziehung gar nicht mehr zurecht und trennte sich schließlich von ihm.

Sich auseinander leben

Ein schleichender Prozess

Sich auseinander leben ist eine schleichende Krankheit. Man merkt oft erst, dass man sie hat, wenn es schon zu spät ist. Das Problem liegt hierbei nicht darin, dass die Partner auch einmal etwas alleine unternehmen, ganz im Gegenteil. Wenn Partner eigene Interessen pflegen, kann das für die Beziehung sehr anregend sein, da man sich immer wieder über Neues austauscht statt in Alltagsroutine zu versinken. Eigenen Interessen nachzugehen wird erst dann zu einem Problem für die Beziehung, wenn einer oder beide Partner sich ihre eigene Welt aufbauen, zu der der andere keinen Zugang mehr hat.

Der Prozess des Sich-Auseinander-Lebens kann vor allem dann zum Problem werden, wenn die Partner nicht zusammenleben. Die räumliche Distanz, die man sich auferlegt hat, kann dabei sowohl ein Vor- als auch ein Nachteil sein.

Das Getrenntleben erlaubt dem Einzelnen größere Individualität (man braucht sich in Sachen Einrichtung zum Beispiel nicht nach dem Partner zu richten), verlangt aber auch ein größeres Maß an Engagement und Beziehungspflege. Wer nicht mit dem Partner zusammenlebt, braucht Gemeinsamkeiten, um die Beziehung trotz räumlicher Distanz zusammenzuhalten. Sind diese Gemeinsamkeiten nicht gegeben, ist es nur allzu leicht, aus der Zweisamkeit wieder in die eigene kleine Welt und damit vom Partner wegzudriften.

Aus täglicher Routine kann Langeweile werden

Aber auch Paare, die zusammenleben, bleiben von Problemen nicht verschont. Die gemeinsame tägliche Routine kann zu Langeweile führen, die sich in Lustlosigkeit und Frust ausdrückt. Schon wieder ein Samstagabend mit Salzstangen vor dem Fernseher! Man hat keine Lust, miteinander zu reden und ist zu faul, etwas Neues zu unternehmen.

Wer sich langweilt, ist aber selber schuld. Es hat keinen Zweck, die Verantwortung auf den Partner abwälzen zu wollen, nach dem Motto »Wenn mein Partner bessere Ideen hätte, würde ich mich nicht so langweilen!« Ihr Partner ist nicht dazu da, Ihnen Amüsement und Unterhaltung zu verschaffen. Überlegen Sie stattdessen lieber, was eigentlich aus den ursprünglichen gemeinsamen Interessen geworden ist. Sind sie im Alltagseinerlei auf Nimmerwiedersehen verschwunden?

Zu Beginn einer Beziehung ist alles neu und aufregend, und man hat das dringende Bedürfnis, so viel Zeit wie möglich miteinander zu verbringen. Wenn man sich nach einer Weile mehr aneinander gewöhnt hat, gewinnen diese gemeinsamen Unternehmungen noch mehr an Reiz, weil man sich jetzt des anderen sicherer fühlt und daher die Zeit zusammen noch mehr genießen kann. So weit so gut. Wenn Ihnen jedoch diese Unternehmungen nach einiger Zeit langweilig werden, Sie sie aber trotzdem weiter verfolgen, dann geht der Beziehung allmählich die Luft aus wie einem alten Luftballon.

Der mechanische Ablauf einer stets gleichbleibenden Routine mag zwar beruhigend wirken, doch kann sie auch zum öden Einerlei werden, in dem man sich passiv und unzufrieden treiben lässt. Wenn Partner aus einem großen Sicherheitsbedürfnis heraus Änderungen und neue Ideen nicht zulassen können, dann tritt eine Lähmung in der Beziehung ein, sodass jeder nur noch seinen inneren Träumen nachhängt, ohne dabei die Energie aufzubringen, diese auch in die Wirklichkeit umzusetzen.

Langeweile als einer der wichtigsten Trennungsgründe

Langeweile mag Ihnen als ein harmloses Problem erscheinen, und doch scheitert eine große Anzahl von Beziehungen daran. Im Gegensatz zu Affären, bei denen eine äußere Ablenkung negativ auf die Beziehung Einfluss nimmt, zerstört Langeweile die Beziehung von innen. Für manche Menschen ist Langeweile ein akzeptierter Allgemeinzustand in ihrer Beziehung: »Lieber eine langweilige Beziehung als gar keine.«

Andere Menschen hingegen sehen sich jetzt vor die Frage gestellt, wie sie der Beziehung neues Leben einhauchen können. Solange beide Partner Anstrengungen in diese Richtung unternehmen, kann die Beziehung auch tatsächlich wieder in Schwung kommen. Was passiert aber, wenn sich nur einer Mühe gibt, der andere aber nicht? Nach mehreren vergeblichen Versuchen, einer eingeschlafenen Beziehung wieder auf die Beine zu helfen, muss sich auch der Eifrigste sagen, dass es wohl leider keinen Zweck hat.

Eine Beziehung ist verloren, wenn das Interesse nur noch einseitig ist.

Fallbeispiel

Klaus (55) hatte Manuela (50) im Tanzverein kennengelernt. Zu Beginn ihrer Beziehung waren sie ständig zu Tanzveranstaltungen unterwegs, entweder als Zuschauer oder als Teilnehmer. Nach einer Weile wurde Klaus dieses Hobby aber langweilig und er hatte keine Lust mehr, jedes Wochenende im Tanzklub zu verbringen. Manuela war das nicht unrecht, und obwohl sie selber gerne zumindest ab und zu noch tanzen gegangen wäre, ließ auch sie das Hobby einschlafen.

Eintönigkeit

Zunächst fanden sie es auch beide ganz angenehm, ruhigere Wochenenden zu Hause zu verbringen, aber nach einer gewissen Zeit wurde das Manuela zu eintönig. Sie kam auf die Idee, einer Laienschauspielgruppe beizutreten und sprach mit Klaus darüber, stieß aber mit ihrem Vorschlag nicht auf Gegenliebe. Manuela machte noch einige andere Vorschläge, allerdings ohne Erfolg. Klaus konnte sich für nichts begeistern, wollte aber auch keine eigenen Vorschläge machen.

Schließlich beschloss Manuela, etwas alleine zu unternehmen. Zuerst machte es ihr noch Spaß, Klaus beim Nachhausekommen von ihren Unternehmungen zu erzählen, doch allmählich fand sie ihn nur noch langweilig, weil er unablässig vor dem Fernseher zu sitzen schien und keinerlei Initiative zeigte. Die beiden trennten sich schließlich in gegenseitigem Einvernehmen.

Bindungsangst

Es gibt Prinzen (und Prinzessinnen!), die sich in Frösche verwandeln, wenn man sie küsst. Das sind die Bindungsscheuen, die sich nicht festlegen möchten. Der oder die Bindungsscheue flirtet gerne, ist romantisch, zärtlich und aufmerksam, aber nur zu Beginn der Beziehung. Und über die Anfangsphase geht es leider nie hinaus, wenn Sie Ihr Herz an einen Beziehungs-Kurzstreckenläufer verloren haben.

Angst vor Nähe, aber auch Angst vor Einsamkeit

Der bindungsscheue Mensch hat eine seltsame Beziehung zur Liebe: Er braucht die Bestätigung, geliebt zu werden, verliert aber das Interesse sofort dann, wenn der Partner ihm diese Bestätigung gibt. Er hat paradoxerweise Angst vor Nähe, aber gleichzeitig auch Angst, verlassen zu werden.

Durch diese gegensätzlichen Gefühle gibt er seinem Partner ständig widersprüchliche Signale. Einmal lädt er ihn ein, näher zu kommen, aber sobald der andere das tut, distanziert sich der Bindungsscheue schnell wieder. Einmal spricht er davon, dass er mehr Zeit mit Ihnen verbringen möchte, aber sobald sich tatsächlich eine Gelegenheit bietet, kommt ihm jedes Mal leider etwas dazwischen: »Ach, wie dumm, gerade nächstes Wochenende muss ich noch Sachen im Büro durcharbeiten!« Oder er versichert Ihnen, dass Sie ihm seelenverwandt und sein/e Traumpartner/in seien, nur um Sie drei Tage später mit einer anderen Ausrede zu versetzen.

Das Tragische an dem Zusammensein mit bindungsscheuen Menschen ist, dass sie so umwerfend charmant und romantisch sein können. Sie sagen Ihnen all das, was Sie schon immer hören wollten und meinen es in dem Moment vielleicht sogar ernst, nur mit der Realität haben diese Liebesschwüre leider nichts zu tun.

Und wenn Sie langsam sauer werden, weil Sie dauernd hingehalten werden, dann benutzt er diese Situation, um wieder Distanz zu Ihnen zu schaffen. So wortgewandt und reizend Bindungsscheue sind, so eisig abweisend und kritisch können sie auch sein. Wagen Sie es, sich über die Vernachlässigung Ihrer Person zu beschweren, bekommen Sie Vorwürfe zu hören, dass Sie zu sehr »klammern« und ihn/sie durch Ihr »krankhaftes Bedürfnis nach Nähe« vertreiben. Daraufhin halten Sie erschrocken mit Ihren Beschwerden zurück und denken, dass es vielleicht wirklich an Ihnen liegt, wenn er/sie sich nicht binden will … Tut es aber nicht! Ihr Partner hat Sie gerade geschickt manipuliert, um sich so Ihre Klagen vom Hals zu halten.

Wann es Zeit wird, die Beziehung zu beenden

Sobald Sie in einer Beziehung mehr Schmerz als Freude empfinden, wird es Zeit, Schluss zu machen. Diesen Schritt wird Ihnen der Bindungsscheue aber so schwer wie möglich machen, da er ja Angst davor hat, verlassen zu werden. Haben Sie endlich die Nase voll und weisen ihm die Tür, kehrt er wieder seinen Charme heraus, schickt Ihnen Blumen und Pralinen und ruft dreimal täglich an – und verunsichert Sie damit. Und auf einmal fühlen Sie sich so viel besser und hoffen, dass alles nur ein Missverständnis war … Da hilft dann nur noch eins: Augen zu und durch!

Schreiben Sie einen letzten Brief, in dem Sie ihn/sie bitten, Sie nicht mehr anzurufen oder zu besuchen. Legen Sie auf, wenn er/sie anruft; schicken Sie Briefe und Geschenke ungeöffnet zurück und lassen Sie sich auf keine Diskussionen oder »Aussprachen« mehr ein.

So bleibt Ihre Würde intakt

Wenn Sie Schluss machen, dann ist wenigstens Ihre Würde noch einigermaßen intakt. Bleiben Sie hart, denn Sie werden den Bindungsscheuen nicht ändern; das kann nur er selber tun, wenn er endlich merkt, dass er ein Problem hat. Das unangenehmste Ende, das Ihnen blühen kann, ist, dass er/sie Sie zum x-ten Mal überredet, es doch noch einmal mit ihm/ihr zu versuchen, nur um Sie kurz darauf wie eine heisse Kartoffel fallen zu lassen, wie in unserem nächsten Beispiel beschrieben.

Fallbeispiel

Fred (36) sieht gut aus und weiß es auch. Er verdient gut und ist überall beliebt, besonders bei den Frauen. Es ist allgemein bekannt, dass er dauernd neue Freundinnen hat, und doch findet sich immer wieder eine Frau, die meint, ihn ändern zu können.

So ging es auch Gisela (35). Obwohl sie Arbeitskolleginnen vor Fred warnten, ließ sie sich von Freds Charme einwickeln. Er überschüttete sie mit Aufmerksamkeiten, lud sie in teure Restaurants zum Essen ein und überraschte sie mit exquisiten Blumensträußen. »Ich war im siebten Himmel«, erzählte Gisela. »So ein aufmerksamer und gefühlsbetonter Mann ist mir noch nie begegnet. Er versicherte mir immer wieder, dass wir in einem vorigen Leben miteinander verheiratet gewesen sein müssen, so sehr fühle er sich mit mir seelenverwandt.«

Nach ein paar Wochen lud Gisela Fred zu einer Familienfeier ein. Er sagte zwar zunächst freudestrahlend zu, aber im letzten Moment kam ihm etwas dazwischen: Er hatte vergessen, dass er sich mit Freunden zum Tennis verabredet hatte. Gisela war enttäuscht, ließ sich aber nichts anmerken. »Nach einer Weile häuften sich diese Absagen aber. Als ich ihn schließlich darauf ansprach, wurde er fast ausfallend. Was mir einfiele, ihn so gängeln zu wollen!«

Als Gisela schließlich vorschlug, sich zu trennen, wurde er wieder sehr liebenswürdig und entschuldigte sich sogar. Gisela atmete erleichtert auf und willigte ein, es noch einmal zu versuchen. Drei Tage später erhielt sie einen knappen dreizeiligen Brief, in dem er sie als hysterisch hinstellte und ihr den Laufpass gab. Später erfuhr Gisela von einer anderen Ehemaligen, dass er zu ihr genau das Gleiche gesagt hatte wie zu Gisela: »Wir müssen wohl in einem früheren Leben miteinander verheiratet gewesen sein…«

Nützlich ist ein Beziehungsbericht

Ihre eigene Beziehung ist vielleicht aus einem oder mehreren der oben aufgeführten Gründe auseinander gegangen. Um sich klarzuwerden, woran die Beziehung scheiterte, kann es nützlich sein, das Geschehene aufzuschreiben:

Übung

Schreiben Sie einmal die Geschichte der Beziehung mit Ihrem Ex-Partner in *allen Einzelheiten* auf, und zwar von Anfang bis Ende.

Schreiben Sie diesen Beziehungsbericht *in der dritten Person,* das heisst so, als ob Sie von jemand anderem sprächen. Statt »Ich traf ihn zum ersten Mal im Büro« schreiben Sie also: »Eine 35-jährige Frau trifft bei einer Firmenveranstaltung einen Mann.«

Der Grund, warum Sie die Geschichte Ihrer Beziehung nicht in der Ich-, sondern in der Er/Sie-Form schreiben sollen, liegt darin, dass Sie dadurch einen besseren Abstand zum Geschehenen bekommen. Außerdem ist es immer leichter, die Lage einer anderen Person richtig einzuschätzen als die eigene, und das wollen wir im Anschluss an diese Übung tun. Schreiben Sie außerdem bitte so ausführlich wie möglich, denn wir wollen gleich einmal überprüfen, ob es nicht schon früh *Warnsignale* gegeben hat, die Sie übersehen oder ignoriert haben. Wenn Sie den Bericht fertig haben, warten Sie einen Tag lang, bevor Sie ihn noch einmal durchgehen. Lesen Sie ihn jetzt gezielt mit folgenden Fragen im Hinterkopf:

Seien Sie ausführlich

Schlüsselfragen und Warnsignale

War die Trennung programmiert? Sind im Bericht Warnsignale zu erkennen? Hier sind einige typische Warnsignale für die einzelnen zuvor genannten Trennungsgründe.

Trennungsgrund	Warnsignale
Man passt nicht zusammen	• Reibereien wegen gegensätzlicher Einstellungen zu grundsätzlichen Dingen • ein Partner muss dem anderen ständig helfen • es besteht ein klares Ungleichgewicht in der Beziehung, was Zuneigung und/oder Einsatzbereitschaft betrifft • es gibt oft wegen Nichtigkeiten Streit
Untreue	• unerklärte Abwesenheiten • treuloses Verhalten in Beziehungen, die der eigenen mit dem Partner vorangegangen sind • Unwilligkeit, sich festzulegen • Unzuverlässigkeit • Lügen
Sich auseinander leben	• sichtbares Abnehmen gemeinsamer Aktivitäten • Desinteresse am Partner und Dingen, die den Partner betreffen

Trennungsgrund	Warnsignale
Sich auseinander leben	• getrennte Unternehmungen, nach denen man sich nicht mehr auf das Wiedersehen mit dem Partner freut • dem Partner nichts mehr über sich erzählen • sich ohne den Partner wohler fühlen
Bindungsangst	• sich nicht festlegen wollen, wenn es um gemeinsame Pläne geht • Vermeidungshaltung, wenn es um das Kennenlernen von Freunden/Familie des Partners geht • Unzuverlässigkeit • häufiges Absagen von Verabredungen • keine Telefonanrufe zwischen Verabredungen

Sprechen Sie mit Freunden

Wenn Sie ein oder zwei gute Freunde haben, dann lohnt es sich, Ihre Beziehungsgeschichte auch einmal mit ihnen durchzusprechen. Wenn Sie den Mut haben, fragen Sie den Freund oder die Freundin auch ruhig nach seiner/ihrer Meinung. Ob Sie selber (aus Sicht des Freundes/der Freundin) mit Ihrem Verhalten zur Trennung beigetragen haben? Aus einer ehrlichen Antwort lässt sich auch hier etwas lernen.

Es geht nicht darum, sich selber herunterzumachen oder den Ex-Partner schwarz anzumalen, sondern darum, ähnliche Fehler in Zukunft zu vermeiden. Auch wenn es sich im Moment so anfühlt: Ihr Ex-Partner war keineswegs Ihr letzter Lebenspartner. Auch dann nicht, wenn Sie 65 sind! Der nächste Partner kommt bestimmt, aber der Traumpartner wird es erst dann sein, wenn Sie auch wirklich zu einer neuen Beziehung bereit sind. Dazu müssen Sie aber erst einmal die letzte Beziehung seelisch verdaut haben.

Wie geht es jetzt weiter?

4. KAPITEL

Besonders derjenige, der lange Jahre mit seinem Partner zusammen war, tut sich mit dem Alleinsein oft schwer. Es ist eine enorme Umstellung, auf einmal Dinge allein machen zu müssen, die man vorher zu zweit unternommen hat. Es werden einem jetzt ganz neue soziale Fertigkeiten abgefordert, will man nach wie vor ausgehen oder in den Urlaub fahren, nur von nun an eben alleine. Was als Paar eine Selbstverständlichkeit war, wird als Single für viele zum Spießrutenlauf. Und da gibt es dann so manchen, der sich lieber schnell nach einem neuen Partner umsieht oder zum alten Partner zurückkehrt, obwohl man nach wie vor nicht zusammenpasst, nur um seinen sozialen Ängsten als Single zu entgehen.

Der Nächstbeste ist ganz sicher keine Lösung

Das ist Zeitverschwendung, denn man verlängert damit nur seine eigene Leidenszeit. Sich mit dem Nächstbesten zu liieren ist keine Lösung, und zum ehemaligen Partner zurückzukehren, ohne dass sich Grundlegendes geändert hätte, kann nur in einer zweiten Trennung enden. Wer es dagegen schafft, die Zeit nach der Trennung erst einmal alleine zu verbringen, gibt sich selbst die Chance, sein eigenes Potential voll zu leben, ohne dabei auf einen Partner Rücksicht nehmen zu müssen. Wir wollen uns daher im Folgenden einmal anschauen, welche Fallen man möglichst vermeiden sollte und wie man sich selber auf »positiv« polen kann, um sich so seine eigene glückliche Zukunft zu schaffen.

Beim Jo-Jo-Effekt wird Harmonie nur vorgespiegelt.

Vermeiden Sie den Jo-Jo-Effekt

Für fast jeden kommt irgendwann einmal nach der Trennung der Gedanke, es vielleicht doch noch einmal mit dem Ex-Partner zu versuchen. Auslöser dafür können die verschiedensten Anlässe sein. Vielleicht hängen Sie Ihr Herz an die Illusion, dass es trotz aller bisheriger Probleme doch noch einmal klappen könnte. Oder Ihnen ist jedes Mittel recht, um Ihrer jetzigen Situation als Single zu entkommen, und Sie sind deswegen sogar bereit, trotz schlechter Voraussetzungen noch einen Versuch mit Ihrem Ex zu starten. Auf diese Weise kommt es bei manchen Paaren zum Jo-Jo-Effekt: Sie trennen sich und tun sich wieder zusammen, und das immer wieder und so lange, bis keiner den anderen mehr ausstehen kann. Dabei verliert aber besonders derjenige sein Gesicht, der sich immer wieder zu einem neuen Versuch überreden lässt, oft wider besseres Wissen.

Der Schritt zurück wäre bequem

Wenn wir einmal überlegen, wie verunsichert und allein man sich nach einer Trennung fühlt, so ganz ohne Zukunftsperspektive, dann ist es nicht verwunderlich, dass der Gedanke der Rückkehr zum Partner sehr verlockend aussehen kann. Auf den ersten Blick scheint dieser Schritt einen bequemen Ausweg aus der momentan unangenehmen Lage zu bieten: Schließlich kennt man den anderen, weiss, woran man miteinander ist und wäre mit einem Schlag all die Schwierigkeiten los, die die Trennung mit sich gebracht hat.

Aber sehen wir uns die Sache doch einmal genauer an. Erfahrungsgemäß ist der Weg bis zur Trennung lang. Man überlegt immer wieder hin und her, ob es einen Sinn hat, das bisherige Zusammenleben fortzusetzen, wegen der alten Vertrautheit, wegen der Kinder oder aus Pflichtgefühl. Es kann mitunter Jahre dauern, bis es von dem Gedanken an eine Trennung dazu kommt, die Trennung auch tatsächlich durchzuführen. Die Partnerschaft geht schließlich darum auseinander, weil sich doch herauskristallisiert hat, dass bestimmte Verhaltensmuster oder Einstellungen des anderen für ein gemeinsames Leben unakzeptabel sind. Eine Trennung ist so gut wie nie eine Entscheidung, die leichtfertig oder über Nacht getroffen wird, sondern ist ganz im Gegenteil das Ergebnis eines langen und oft unangenehmen Prozesses des Abwägens. Wie wahrscheinlich ist es dann, dass eine so gründlich überlegte Entscheidung mit Erfolg wieder rückgängig zu machen ist?

Die Botschaft war eindeutig

Gleichgültig, ob man selbst seinen Partner aus bestimmten Überlegungen heraus verlassen hat oder von diesem verlassen worden ist, die Botschaft lautet ganz klar: »Ich möchte mein weiteres Leben nicht mehr mit dir teilen« beziehungsweise »Du willst künftig nicht mehr mit mir leben!« Diese Tatsache bedeutet ja nicht zwangsläufig, dass das gesamte vorherige Zusammensein eine einzige Katastrophe oder jeder Tag die reine Hölle war. Auch in Beziehungen, die mit einer Trennung enden, gab es in der Regel gute gemeinsame Zeiten, sonst hätte man sich am Anfang nicht für ein Zusammenleben entschieden.

Trotzdem haben ganz offensichtlich die schönen gemeinsamen Zeiten nicht genug Gewicht gehabt, um die Trennung zu verhindern. Es ist wichtig, sich diese Tatsache deutlich vor Augen zu halten, weil Illusionen oder Angst vor dem Alleinsein keine tragfähige Basis für eine dauerhaft zufriedenstellende Beziehung sind. Ihre ehemalige Beziehung ist aus bestimmten

Gründen zu Ende gegangen, egal, wer von beiden der Initiator war, und allein die Tatsache, dass Sie anschließend eine Weile allein waren, hat an diesen Gründen normalerweise nichts geändert.

Fragebogen

Stellen Sie sich doch einmal ganz konkret folgende Fragen:

	Ja	Nein
1. Sind die Probleme beseitigt worden, die zur Trennung geführt haben?	❍	❍
2. Haben Sie sich grundlegend geändert?	❍	❍
3. Hat sich Ihr ehemaliger Partner grundlegend geändert?	❍	❍

Lassen Sie sich bitte Zeit, wenn Sie über diese Fragen nachdenken, und seien Sie ganz ehrlich! Es hat jetzt keinen Sinn, sich etwas vorzumachen.

Auswertung

»Nein« auf alle drei Fragen.
Es besteht keine Chance, dass die Beziehung beim zweiten Anlauf besser funktioniert als beim ersten.

»Ja« zu Frage 1.
Stürzen Sie sich bitte trotzdem nicht gleich wieder in die Beziehung mit Ihrem Ex-Partner. Warten Sie erst einmal eine Weile ab und schauen Sie sich aus sicherer Entfernung an, was passiert.

Fallbeispiel

Kathrin (35) hat sich von ihrem Mann Georg (39) getrennt. Er war drei Jahre arbeitslos, nachdem er seine Stelle wegen

Trunkenheit verlor. Seither hatte er keinerlei Anstalten gemacht, Arbeit zu finden, und mit dem Trinken war es sogar noch schlimmer geworden. Um die Familie finanziell über Wasser zu halten, hatte sich Kathrin eine Stelle in einer nahe gelegenen Fabrik gesucht, wo sie vormittags und auch nachts arbeitete. So konnte sie zu Hause sein, wenn ihre drei Kinder aus der Schule kamen. Während sich Kathrin abrackerte, war Georg vollkommen apathisch. Er schaffte es gerade noch, sich jeden Tag sein Bier zu besorgen, kümmerte sich aber ansonsten weder um die Kinder noch um den Haushalt. Kathrin hatte ihn oft gebeten, mit einem Arzt über seine Alkoholabhängigkeit zu sprechen, aber das lehnte er rundweg ab. Nachdem Kathrin aus der gemeinsamen Wohnung ausgezogen war, bekam Georg einen regelrechten Schock. Er ging auf Stellensuche, fand auch tatsächlich eine Arbeit und bat seine Frau inständig, es noch einmal mit ihm zu versuchen. Obwohl sie erst nicht wollte, ließ sie sich schließlich doch überreden. Die Beziehung ging zwei Monate lang gut, dann fing Georg wieder an zu trinken.

Auch der zweite Anlauf scheiterte

Auswertung

»Ja« zu Frage 2 und/oder 3.
Das klingt zwar gut, aber Sie sollten trotzdem erst einmal abwarten. Prüfen Sie eine Zeit lang, ob die Änderung anhält und tatsächlich für einen Neuanfang ausreicht. Gleichzeitig gibt Ihnen diese Beziehungspause Gelegenheit, selbständiger zu werden und zu sich selbst zurückzufinden. Änderungen, die Sie nur deswegen vollziehen, um den Partner zurückzugewinnen, nützen nicht viel, weil sie nicht von Dauer sind.

Fallbeispiel

Herr Borgmann (41) konnte die Herrschsucht seiner Frau (38) nach acht Jahren Ehe nicht mehr ertragen. Er kam sich mittlerweile fast wie ein kleines Kind vor, dem jeder Schritt vorgeschrieben wird. Er hatte versucht, mit seiner Frau darüber zu sprechen, aber ohne Erfolg. Weil Frau Borgmann nichts an ihrem Verhalten änderte, zog ihr Mann einen Schlussstrich unter seine Ehe und suchte sich eine eigene Wohnung. Schon kurze Zeit später meldete sich Frau Borgmann regelmäßig bei ihm und versuchte ihn dazu zu bewegen, zu ihr zurückzukommen. »Du hattest vollkommen recht; ich hätte dich nicht so bevormunden dürfen. Aber jetzt habe ich das eingesehen und mich geändert. Komm doch zurück, ich bin jetzt ein anderer Mensch geworden.«

Herr Borgmann war hin- und hergerissen, denn seine Frau verhielt sich wirklich ganz anders als früher. Sie fragte nach seiner Meinung, hörte ihm zu und kommandierte ihn nicht herum. Nachdem er die Sache mit einem guten Freund besprochen hatte, vereinbarte er mit seiner Frau eine Art Probezeit, während der jeder seine Wohnung behielt, man sich aber regelmäßig traf.

Selten ändert sich jemand von Grund auf

In den ersten paar Wochen bemühte sich Frau Borgmann sehr, doch nach einer Weile fiel sie immer mehr in ihre alten Gewohnheiten zurück und schwang wieder das Zepter. Diesmal ließ sich ihr Mann das nur noch kurze Zeit gefallen, dann stand sein Entschluss unumstößlich fest – er reichte die Scheidung ein.

Wenn Ihnen der Gedanke an einen neuen Versuch mit dem alten Partner besonders deshalb hartnäckig im Kopf herumspukt, weil Ihnen Ihr neues Dasein als Alleinstehende/r ganz und gar unerträglich vorkommt, dann hilft es, Ihre jetzige Situation einmal genauer unter die Lupe zu nehmen.

Im Allgemeinen können wir ja problemlos viele Nachteile aufzählen, die mit dem neuen Alleinsein verbunden sind. Dabei übersehen wir aber leicht die ebenso vorhandenen Vorteile, die wir uns jetzt einmal anschauen wollen. Es ist doch klar: Fühlen wir uns miserabel, hat jeder ein leichtes Spiel, der uns ein besseres Leben zu versprechen scheint. Fühlen wir uns aber gut und sind uns der Vorzüge bewusst, die unser jetziges Leben bietet, werden wir zunächst gründlich abwägen, ob wir es gegen ein anderes eintauschen wollen.

Ihr neues Leben hat auch Vorzüge

Machen Sie sich also mit Hilfe der nächsten Übung gezielt daran herauszufinden, welche Vorzüge das neue Leben für Sie hat. Unsere Beispiele sind nur eine Ideensammlung, die Sie nach Ihrer ganz persönlichen Situation, Ihren Vorlieben und Abneigungen variieren und ergänzen können.

Übung

1. Gehen Sie in Gedanken Ihren neuen Alltag durch und prüfen Sie, was jetzt angenehmer ist als in Ihrer gemeinsamen Zeit mit dem Ex-Partner.
2. Tragen Sie jeden dieser Vorteile in die nachstehende Liste ein, beispielsweise so:
   »Ich kann morgens auf den letzten Drücker aufstehen, weil niemand vor mir im Bad ist.«
   »Jetzt gibt es nur noch halb soviel Bügelwäsche.«
   »Ich kann am Wochenende bis in die Puppen schlafen, wenn ich will.«
   »Ich habe jetzt endlich mehr Zeit für meine Freunde.«
   »Bei einem rührseligen Film kann ich jetzt ungeniert weinen.«
   »Ich kann die Wohnung jetzt ganz und gar nach meinem Geschmack einrichten.«

Das Alleinsein hat für mich folgende Vorteile:

1. ______________________________

2. ______________________________

3. ______________________________
4. ______________________________
5. ______________________________
6. ______________________________
7. ______________________________
8. ______________________________
9. ______________________________
10. ______________________________
11. ______________________________
12. ______________________________

3. Wenn Ihnen im Moment nur ein oder zwei Vorteile einfallen, dann machen Sie eben zu einem späteren Zeitpunkt mit der Liste weiter und ergänzen Sie sie immer dann, wenn Ihnen Neues einfällt.
4. Machen Sie sich Kopien der Liste, die Sie an gut sichtbaren Stellen in der Wohnung aufhängen, sodass Sie immer wieder an die erfreulichen Seiten Ihres Zustands erinnert werden. Nehmen Sie eine Kopie in Ihrer Jacken- oder Handtasche mit, sodass Sie auch unterwegs immer an das Positive Ihrer Situation erinnert werden.

Jeder Vorteil zählt, sei er auch noch so klein

Nehmen Sie sich reichlich Zeit für diese Übung. Unterscheiden Sie nicht nach großen und kleinen Vorzügen, denn *jeder* Vorteil gehört zu den guten Seiten Ihres neuen Lebens und verhilft Ihnen dazu, Ihre Lage positiver zu empfinden. Seien Sie so ausführlich wie möglich. Denken Sie an verschiedene Lebensbereiche wie Arbeit, Freizeit, Familie, Freunde, Alltag, Feiertage und so weiter. Diese Liste wird Ihnen ganz besonders in den Situationen helfen, in denen

Ihnen die vergangene Partnerschaft in einem rosaroten Licht erscheint und das Alleinsein anscheinend nur Nachteile hat.

Vorteile entdecken leicht gemacht

Finden Sie es schwierig, Vorzüge an Ihrem neuen Dasein zu entdecken? Dann denken Sie einfach an die Dinge, die Sie während der Partnerschaft gestört haben.

Übung

1. Schreiben Sie jeden Nachteil auf, der Ihnen einfällt, etwa so:
   »Sein Schnarchen hat mich regelmäßig zur Weißglut gebracht.«
   »Bei unseren Urlaubsreisen habe ich mich nie erholt, weil er immer Trubel haben wollte.«
   »Sie hat jedes Mal gemeckert, wenn ich die Sportschau sehen wollte.«
   »Die ewig offene und total verdrückte Zahnpastatube war mir ein Graus.«
   »Ihre Besserwisserei war unerträglich.«
   »Die stundenlange Telefonierererei mit ihren Freundinnen hat mich genervt.«
   »Ständig war die Wohnung von seinem Zigarettenrauch verqualmt.«
   »Ihr Putzfimmel hat jede Gemütlichkeit ruiniert.«
   »Früher mussten wir zu Weihnachten immer zu seinen Eltern fahren, was jedes Mal ein Desaster war.«
   »Sie hat dauernd Theater gemacht, wenn ich länger arbeiten musste und nicht rechtzeitig nach Hause kam.«
   »Obwohl ich abends oft selber kaputt war, hat sie mir lang und breit von ihrem Ärger in der Arbeit erzählt, obwohl ich zum Zuhören gar keinen Nerv mehr hatte.«
   »Er hat seine Klamotten immer dort herumliegen lassen, wo er sie ausgezogen hat, und ich konnte ihm dann hinterherräumen.«

Was mich am Zusammensein mit meinem Ex-Partner gestört hat:

1. ______
2. ______
3. ______
4. ______
5. ______
6. ______
7. ______
8. ______
9. ______
10. ______
11. ______
12. ______

2. Bei jedem dieser Beispiele können Sie nun erfreulicherweise hinzufügen: *jetzt nicht mehr!*

Nehmen Sie die rosarote Brille ab

Nehmen Sie sich auch für diese Übung ausreichend Zeit, denn sie führt Ihnen vor Augen, dass die Beziehung nicht ganz so rosig war, wie Sie sich in einsamen Stunden vielleicht vorgaukeln.

Sie haben begonnen, Ihr neues Leben von einer anderen Warte aus zu betrachten. Diese Sichtweise ist konstruktiver und auch bei weitem realistischer als vorher, als Gefühle den Verstand auszuschalten drohten. Sie sind dadurch weniger anfällig für wirklichkeitsfremde Erwartungen, was einen Neuanfang mit Ihrem Ex angeht.

Die Lückenbüßer-Beziehung ist keine Lösung

Eine zerbrochene Partnerschaft hinterlässt natürlich erst einmal eine Lücke in unserem Leben. Mit der Trennung ist ein Abschnitt unseres Lebens zu Ende gegangen und die dadurch entstandene Leere muss zunächst einmal überbrückt werden. Trauer ist eine natürliche Reaktion auf die Trennung, die wir als Verlust empfinden. Diese Trauer sollte weder verdrängt noch betäubt, sondern vielmehr zugelassen und durchlebt werden, um sie dadurch zu bewältigen. Wird sie verdrängt, kann sie uns krank machen. Trauerreaktionen sind Hilfsmittel der Seele, um einen Verlust zu verkraften.

Noch ist die Zukunft ungewiss

Wenn wir hier von einer »Lücke« sprechen, dann meinen wir die Leere zwischen der Vergangenheit, nämlich der Beziehung zum Ex-Partner, und einer nicht absehbaren Zukunft. Diese Unsicherheit über die Zukunft kann ängstigen, und da uns dieses Gefühl normalerweise unangenehm ist, versuchen wir gerne, dieses »Gefühlsloch« möglichst bald zu stopfen. Das ist verständlich und legitim, aber es kommt sehr darauf an, wie man es anstellt.

Wäre es nicht schön, wenn man das Herzeleid und die Unsicherheit einfach umgehen könnte, indem man sich gleich in eine neue Beziehung stürzte? Wäre damit nicht die vorhandene Lücke geschlossen? Würde man sich nicht gleich glücklich fühlen und keinen Gedanken mehr an die alte gescheiterte Partnerschaft verschwenden? – Das mag funktionieren, wenn Ihr Hund gestorben ist und Sie sich einen neuen kaufen, aber für menschliche Beziehungen ist das leider kein realistischer oder fairer Weg, weder für den neuen Partner noch für Sie selbst. Der neue Partner wird als Lückenbüßer missbraucht und Sie selber tun sich auch keinen Ge-

Es ist eine Illusion, sich von einer neuen Beziehung »Heilung« von der alten zu erhoffen.

fallen, wenn Sie sich den Nächstbesten greifen, nur um nicht mehr allein sein zu müssen.

Warum ist es eine Illusion, jetzt sofort mit einem neuen Partner glücklich werden zu können? Dafür gibt es zwei Gründe.

1. Grund **Jetzt finden Sie nicht den Richtigen**

Zunächst herrscht Betriebsblindheit

Als frisch Getrennte/r befinden Sie sich noch in einem unbewältigten Gefühlschaos. Sie sind quasi betriebsblind, weil der Wust von Trauer, angeknackstem Selbstwertgefühl, Trotz, Rachegelüsten und vielen anderen Emotionen noch nicht sortiert und verarbeitet ist und Ihnen damit der ungetrübte Blick auf einen neuen Partner verstellt ist. Entsprechend groß ist die Gefahr, an einen ungeeigneten neuen Partner zu geraten, mit dem eine Beziehung einfach nicht funktionieren kann. Sofern also auf Ihrer Wunschliste nicht ganz oben der Satz steht »Ich möchte über kurz oder lang eine weitere Trennung zu verdauen haben«, lassen Sie besser im Moment die Finger von einer neuen Beziehung. Noch ein Scherbenhaufen der Gefühle ist sicherlich nicht das, was Sie jetzt brauchen.

2. Grund **Sie entgehen Ihren Gefühlen nicht!**

Jetzt heißt es, aus der Erfahrung zu lernen

Wer aus seinen Erfahrungen nichts lernt, ist dazu verdammt, die gleichen Fehler wieder zu machen. Lernen können wir aber nur, indem wir uns mit einer Sache befassen und die dazugehörigen Gefühle empfinden und uns erlauben, Abstand zur vergangenen Beziehung zu gewinnen. Wenn wir stattdessen gleich eine neue Beziehung eingehen, haben wir diesen Abstand aber nicht, weil wir die Trennungsgefühle nicht erleben wollen und sie damit verdrängen. Hier hilft die Devise: »Wenn es denn schon sein muss, dann bringe ich es lieber gleich hinter mich.« Machen Sie sich also daran, zuerst aus den Erfahrungen Ihrer alten Partnerschaft zu lernen, um dann eine neue Beziehung auf festerem Boden bauen zu können.

Und wie steht es mit der Fairness dem neuen Partner gegenüber? Niemand kann in Sie hineinsehen und merken, ob Sie wirklich mit Herz und Verstand frei und reif für eine neue Beziehung sind. Ihr neuer Partner wird annehmen, dass Sie wirklich an ihm/ihr interessiert sind. Wie verletzend ist es, wenn der neue Partner nach einer Weile feststellen muss, dass er/sie als

- schnell verfügbares Trostpflaster,
- Aufwertung für Ihr lädiertes Selbstwertgefühl,
- Trophäe im Kampf gegen den Ex,

also als Lückenbüßer missbraucht wird.

Mit Liebe oder echter Zuneigung haben solche Beweggründe nichts zu tun, vielmehr mit Angst, Verdrängung, Trotz und Rache. Niemand würde seiner besten Freundin raten, sich auf eine Beziehung einzulassen, die auf solchen Grundlagen basiert! Das Wort »Lückenbüßer« beschreibt ja an sich schon eindeutig, was hier vorgeht: Jemand soll dafür herhalten, ein Loch zu stopfen. Dafür sollten Sie sich selbst und auch jeder, an dem Ihnen etwas liegt, zu schade sein.

Die Bewältigung der Trennung hat keinen festen Zeitrahmen

Es gibt keinen festen Zeitrahmen, den man als Maßstab zur Überwindung einer Beziehung angeben könnte. Es hängt von ganz verschiedenen Faktoren ab, wie lange der Einzelne braucht, um mit einer Trennung fertig zu werden. Zu diesen Faktoren gehören folgende:

- Die eigene Veranlagung

Sind Sie introvertiert, werden Sie wahrscheinlich länger brauchen als jemand,der extrovertiert ist. Sind Sie pessimistisch, dann erholen Sie sich weniger schnell von der letzten Beziehung als jemand, der optimistisch ist.

- Die Art der Trennung

Verlief die Trennung friedlich, kann es einfacher sein, sie hinter sich zu lassen, als wenn es noch lange hinterher oft Streit gibt. Sieht man den Ex-Partner nicht dauernd nach der Trennung, hat man größere Chancen, sich neu zu orientieren, als wenn man täglich gezwungen ist, dem Partner zu begegnen.

- Unterstützung durch Familie oder Freunde

Wem nach einer Trennung von Mitmenschen seelisch der Rücken gestärkt wird, der wird mit dem Geschehenen schneller fertig als jemand, der sich einigelt und mit niemandem über seine Gefühle spricht.

So verschieden, wie die Menschen sind, so unterschiedlich lang kann es dauern, bis man gefühlsmäßig wirklich wieder frei ist für einen neuen Partner und ihn nicht mehr als Notnagel missbraucht. Wann dieser Zeitpunkt gekommen ist, lässt sich nicht nach Monaten oder Jahren bestimmen, wohl aber nach bestimmten Einstellungen und Lebenshaltungen.

Es kommt auf Ihre Haltung an

Prüfen Sie doch einmal mit dem folgenden Test, ob Sie sich noch in der Lückenbüßer-Gefahrenzone befinden.

Test

Zählen Sie zusammen, wie oft Sie auf eine der folgenden Fragen mit »Ja« geantwortet haben.

	Ja	Nein
1. Gehen Sie nur deshalb zu Festen, weil Sie einen neuen Partner finden wollen?	❍	❍
2. Wenn Sie einen Mann/eine Frau gerade erst kennen gelernt haben, überlegen Sie trotzdem schon sofort, ob er/sie Heirats- oder Beziehungsmaterial ist?	❍	❍
3. Lassen Sie sich auch auf längere Unternehmungen mit Ihnen unsympathischen Menschen ein, nur weil diese eventuell an Ihnen interessiert sein könnten?	❍	❍
4. Erwischen Sie sich des öfteren bei dem Gedanken, dass irgendein Partner immer noch besser ist als gar keiner?	❍	❍
5. Ist für Sie das Single-Dasein das Schlimmste, was einem Menschen passieren kann?	❍	❍
6. Haben Sie einigen Bekannten immer noch nicht von Ihrer Trennung vom ehemaligen Partner erzählt, weil es Ihnen peinlich ist?	❍	❍

	Ja	Nein
7. Wird Ihr tägliches Leben von dem Gedanken bestimmt, unbedingt einen neuen Partner finden zu müssen?	❍	❍
8. Würden Sie sich mit Ihrem ehemaligen Partner wieder zusammentun, obwohl sich nichts Grundsätzliches zwischen Ihnen geändert hat?	❍	❍

Auswertung

1 – 8 Punkte: Sie sind noch immer in der Gefahrenzone! Entweder Sie haben sich innerlich noch nicht von Ihrem ehemaligen Partner gelöst, oder Sie haben große Angst vor dem Alleinsein und lassen es daher an der nötigen Qualitätskontrolle fehlen, wenn Sie neuen Menschen begegnen.

Lassen Sie uns noch einmal zusammenfassen: Es hat keinen Zweck, nach einer Trennung gleich wieder eine neue Partnerschaft anzufangen. Erst einmal mit sich selbst in der neuen Situation ins Reine kommen, sich mit seinen verschiedenen Gefühlen auseinandersetzen und einen wirklichen Schlussstrich unter die alte Partnerschaft ziehen: Erst danach hat eine neue Beziehung auch eine echte Chance.

Fallbeispiel

Frau Brander (42) ist von ihrem Mann (46) nach 15 Jahren Ehe wegen einer jüngeren Frau verlassen worden. Das hat ihr Selbstvertrauen untergraben und sie fürchtet jetzt, für keinen Mann mehr attraktiv zu sein. Sie ist geradezu besessen von dem Gedanken, sich selbst und aller Welt das Gegenteil zu beweisen. Gezielt hat sie daher einen Abendkurs über Autoreparatur belegt – ein Fach, das sicherlich vor allem von Männern besucht wird. »Das Thema interessiert mich zwar nicht die Bohne, aber für meine Zwecke ist es o.k.!«

Ihre Rechnung geht auf. Tatsächlich sind neun von zwölf Teilnehmern Männer. Es ergibt sich, dass alle nach dem Kurs noch etwas zusammen trinken gehen und sich unterhalten. Neben Frau Brander setzt sich Horst (39), der höflich, freundlich und charmant mit ihr plaudert. »Das ist er«, sagt sich Frau Brander, lässt sich noch am selben Abend seine Telefonnummer geben und ruft seither regelmäßig bei ihm an.

Ganz ohne Gemeinsamkeiten geht es nicht

Horst ist eher zurückhaltend, geht aber trotzdem hin und wieder mit ihr aus, wobei sie sich nicht allzuviel zu sagen haben. Trotz eines Mangels an Gemeinsamkeiten sieht Frau Brander schon eine gemeinsame Zukunft vor sich. Sie ist stolz, einen gutaussehenden Mann an ihrer Seite zu haben, und noch dazu einen, der jünger ist als sie! Sie lässt daher auch keine Gelegenheit aus, sich mit Horst in der Öffentlichkeit zu zeigen in der stillen Hoffnung, dass jemand ihrem Mann davon erzählt. Zwar merkt Frau Brander selber, dass etwas in ihrer neuen Beziehung nicht stimmt, aber sie schiebt diese Gefühle immer wieder zur Seite, weil sie viel zu sehr damit beschäftigt ist, ihren gekränkten Stolz durch Horst wieder aufzurichten.

Horst aber hat schon nach wenigen Wochen die Nase voll von einer Frau, die ihn einerseits fast belagert, sich aber andererseits für ihn als Mensch überhaupt nicht interessiert, und er beendet die Beziehung. Frau Brander schwört sich daraufhin, Männern jetzt aus dem Weg zu gehen, weil sie ihrer »Liebe« gar nicht wert seien.

Hier ist einiges schief gelaufen:

- Die Idee, nicht nur alleine zu Hause zu bleiben, sondern aktiv etwas zu unternehmen, ist gut und richtig, aber nicht mit dem zwanghaften Motiv, sich dabei jemanden zu angeln. Hätte sich Frau Brander einen Kurs ausgesucht, dessen Thema sie wirklich interessiert, wäre die Zeit dort in keinem Fall vergeudet gewesen.

- Sich um seinen verletzten Stolz zu kümmern ist in Ordnung, aber es hilft nicht, dabei vollkommen wahllos nach dem erstbesten Strohhalm zu greifen. Wenn wir ehrlich sind, ist es kein bisschen angenehmer, wegen einer älteren Rivalin verlassen zu werden als wegen einer jüngeren, oder? Es wäre ein mutiger und notwendiger Schritt, sich wirklich einzugestehen, wie traurig und verletzt man ist, weil man verlassen wurde, und dann daranzugehen, sich auf die eigenen Fähigkeiten und Stärken zu besinnen, die das Selbstwertgefühl wieder stärken helfen. Gekränkter Stolz ist keine Basis für echte Zuneigung, höchstens ein notdürftiges Pflaster.

- Äußerlichkeiten bei einem Partner sind, zumindest beim unmittelbaren Kennenlernen, nicht vollkommen nebensächlich, aber sie sollten nicht allein ausschlaggebend sein. Freuen Sie sich, wenn Sie mit einem gutaussehenden Menschen zusammen sind, und freuen Sie sich genauso, wenn Sie es mit einem sympathischen, offenen, witzigen Menschen zu tun haben, auch wenn dieser nicht gleich wie ein Filmstar aussieht!

Hören Sie auf Ihre innere Stimme

- Es ist gut, wenn man nicht jedes klitzekleine Gefühl mordsmäßig aufbauscht, aber wir sollten schon auf unsere innere Stimme hören. Wenn wir merken, dass sich etwas »irgendwie nicht richtig« anfühlt, ist es auf jeden Fall Zeit, sich dieses Gefühl näher anzusehen und der Sache auf den Grund zu gehen. »Irgendwie nicht richtige« Dinge verschwinden in der Regel nicht von allein, sondern verschlimmern sich eher. Hätte Frau Brander sich beizeiten eingestanden, dass Horst nicht der geeignete neue Partner war, aber sehr wohl ein sympathischer Gesprächspartner, hätte vielleicht eine lose Freundschaft entstehen können, was ja auch nicht zu verachten ist.

- Es ist sicherer, sich vor unangenehmen Erfahrungen zu schützen, aber wer sich mit Schutzwällen und Stacheldrahtzäunen umgibt, lässt auch die angenehmen Erfahrungen nicht mehr an sich heran. Statt sich einzugestehen, dass die Beziehung zu Horst von vorneherein zum Scheitern verurteilt war, weil sie ihn nicht wirklich liebte, sondern nur für ihre Zwecke benutzte, drehte Frau Brander den Spieß um und gab Horst die Schuld. Würde sie sich ehrlich eingestehen, dass ihr eigenes Verhalten Auslöser der Situation war, passierte ihr das wohl kein zweites Mal.

Haben Sie Mut zur Lücke

Wenn wir hier also Mut zur Lücke propagieren, dann handelt es sich in Wirklichkeit nicht um einen gefühlsleeren Raum, sondern ganz im Gegenteil um eine Zeit, in der es ganz besonders viel zu bewältigen und lernen gibt. Unsere Psyche gibt uns dazu die notwendigen Hilfsmittel in Form von Gefühlen, die zwar unangenehm sein mögen, aber uns treue Dienste leisten, indem sie uns auf unseren jetzigen Seelenzustand aufmerksam machen. Für diese Gefühle der Trauer oder des Unmuts sollte niemand anders büßen müssen. Die Lücke nach einer Trennung ist der angemessene Ausdruck einer vorherigen intensiven Beziehung. Wir tun uns selber den größten Gefallen, wenn wir diese Lücke behutsam und allmählich mit neuen Lebensinhalten füllen, statt sie mit dem nächstbesten Menschen zu stopfen.

Mit jedem Tag, an dem Sie die Erfahrungen und Gefühle aus Ihrem »alten« Leben zur Kenntnis nehmen und aus ihnen lernen, bewältigen Sie einen Teil der Vergangenheit und bekommen Ihr »neues« Leben besser in den Griff. Dadurch steigen Ihre Chancen, in einer späteren neuen Beziehung auch wirklich langfristig wieder glücklich zu werden, und darum geht es Ihnen schließlich doch.

Selbstbewusstsein durch Positives Denken

Wenn wir unglücklich sind, ist die Welt ein trostloser Ort – wir sehen das Gute nicht mehr, sondern nur noch das Schlechte, Schäbige und Hässliche. Sogar die Leute in der Straßenbahn sehen alle unattraktiv aus…

Kein Auge für Schönes

Das Gute und Schöne ist natürlich nicht ausgestorben, aber wir haben im Moment kein Auge dafür. Obwohl Gutes und Schlechtes weiterhin existiert, lässt uns unsere gedrückte Stimmung nur Negatives wahrnehmen. Es ist, als wenn wir ein riesiges Vergrößerungsglas auf alles Schlechte hielten und uns dadurch noch deprimierter fühlten.

Trotz allem möglich – Selbstbeeinflussung durch Positives Denken.

Fühlen Sie sich als frisch getrennter Single unwohl in Ihrer Haut? Können Sie sich nicht vorstellen, alleine etwas zu unternehmen? Ist der Gedanke, alleine ins Kino zu gehen oder in den Urlaub zu fahren, abschreckend für Sie? Dann möbeln Sie doch Ihr Selbstbewusstsein mit Hilfe des Positiven Denkens etwas auf! Hierbei geht es darum, sich körperlich zu entspannen, um sich dann vorzustellen, wie man eine beängstigende Situation mit Bravur meistert.

Beim Positiven Denken machen wir uns die Beeinflussbarkeit des Unterbewusstseins zu Nutze, indem wir uns positive Mentalbilder suggerieren. Das funktioniert wie bei einer Selbsthypnose: Was wir im entspannten Zustand ins Unterbewusstsein einspeichern, können wir auch schon bald in die Wirklichkeit umsetzen.

Fallbeispiel

Frau Gerber (31) war befördert worden und hatte seit sechs Monaten ihre neue Stelle. Sie hatte immer gute Arbeit geleistet und ihr damaliger Chef hatte sie noch vor seiner Pensionierung für den neuen Posten empfohlen. Frau Gerber war überglücklich gewesen und eigentlich ganz zuversichtlich, dass sie das größere Arbeitspensum und den erweiterten Aufgabenbereich gut schaffen würde. Doch dann fand ein Führungswechsel in der Firmenspitze statt, und statt ihres bisherigen Chefs wurde Frau Gerber jetzt eine ehrgeizige junge Frau vor die Nase gesetzt. Frau Gerber, die normalerweise mit jedem gut auskam, wurde nach ein paar Wochen ganz verunsichert, weil die neue Chefin ständig etwas an ihrer Arbeit auszusetzen hatte. »Ich kann ihr einfach nichts recht machen«, erzählte Frau Gerber in einer Sitzung. »Was ich auch tue, ich weiss jetzt schon, dass sie etwas daran auszusetzen hat. Ich komme mir richtiggehend inkompetent vor.«

Durch die ständige Kritik wurde Frau Gerber ganz aus der Bahn geworfen. Was sie vorher mit Leichtigkeit geschafft hatte, wurde jetzt zur mühseligen Tortur. Die Angst, die Chefin könnte wieder nicht zufrieden sein, saß ihr ständig im Nacken. Aus dieser Angst heraus konnte sie sich weniger gut bei der Arbeit konzentrieren, und entsprechend machte sie dann auch mehr Fehler, sodass ihre Chefin jetzt wirklich Grund zur Klage hatte.

Unablässige Kritik macht unsicher

Der obige Fall ist ein gutes Beispiel dafür, wie sich das gesprochene Wort auf unseren Gemütszustand und auch auf unsere Kompetenz auswirken kann. Wer dauernd kritisiert wird, fühlt sich verunsichert und wird dadurch weniger kompetent. Wenn uns zum Beispiel als Kind oft gesagt wird, dass wir dumm seien, glauben wir es schließlich. Weil wir uns für dumm halten, trauen wir uns dann selber nichts zu, probieren auch nichts Neues aus und werden dadurch ungeschickt und inkompetent, einfach, weil uns die Übung fehlt. So schließt sich der Teufelskreis: Obwohl wir intelligent sind, *glauben* wir, dumm zu sein, verhalten uns entsprechend und *werden* schließlich dumm. Wenn Sie selber Kinder haben, achten Sie also darauf, sie zu ermutigen, denn nur so geben Sie ihnen den bestmöglichen Start ins Leben. Denken Sie daran: Das Unterbewusstsein hört immer mit!

Die positive Einstellung macht's

Wenn wir selbstbewusster werden wollen, müssen wir uns gedanklich mit Sätzen und Mentalbildern beschäftigen, die uns auf eine positive Einstellung »eichen«. Bevor wir uns aber diesen Mentaltechniken zuwenden, ist es wichtig, erst einmal den Körper etwas zur Ruhe zu bringen.

Übung

1. Setzen oder legen Sie sich bequem hin und schließen Sie die Augen.
2. Stellen Sie sich vor, Sie lägen auf weichem Gras an einem kleinen Bach unter einer Trauerweide. In den Zweigen des Baumes hängt ein wunderschönes Prisma, das glitzert und funkelt.
3. Stellen Sie sich vor, wie ein grünes Licht vom Prisma auf Ihre Füße fällt, sodass sich Ihre Füße entspannen. Lassen Sie diese Entspannung jetzt von Ihren Füßen in Ihre Waden und Oberschenkel strömen.
4. Stellen Sie sich vor, wie ein lila Licht vom Prisma auf Ihre Hände fällt, sodass sich Ihre Hände entspannen. Lassen Sie diese Entspannung jetzt von Ihren Händen in Ihre Unterarme und Oberarme strömen.
5. Stellen Sie sich vor, wie ein rosa Licht vom Prisma auf Ihren Bauch fällt, sodass sich Ihre Bauchdecke entspannt. Lassen Sie diese Entspannung jetzt von Ihrem Bauch in den Oberkörper, die Schultern und den Kopf strömen.
6. Bleiben Sie noch eine Weile ruhig liegen und genießen Sie die Entspannung.

Führen Sie diese Entspannungsübung einmal am Tag eine Woche lang durch, bis Sie eine gute körperliche Entspannung erzielen. Entspannung erkennen Sie an einem oder mehreren der folgenden Anzeichen:

- wärmere Gliedmaßen
- körperliches Schweregefühl oder Gefühle der Schwerelosigkeit
- Kribbeln in Händen und/oder Füßen durch bessere Durchblutung
- angenehmes Gefühl in der Bauchgegend
- Hände und/oder Füße fühlen sich an, als wenn sie »nicht da« wären

Wenn Sie diese Übung eine Weile ausprobiert haben, dann machen Sie mit der nächsten Übung weiter, die darauf ausgelegt ist, Ihr Zutrauen in die eigenen Fähigkeiten zu stärken.

Nehmen wir einmal an, es ist Ihnen unangenehm, alleine auszugehen.

Übung

Machen Sie zunächst die Prisma-Entspannungsübung. Dann geht es folgendermaßen weiter:

»Ich sehe heute richtig gut aus«

Lassen Sie die Augen zu und stellen Sie sich jetzt bildlich vor, wie Sie zu Hause im Begriff sind auszugehen, und einen letzten zufriedenen Blick in den Spiegel werfen. »Gut sehe ich aus und ich freue mich so auf diesen Film!« Sehen Sie sich dann beschwingt aus dem Haus gehen, voller Vorfreude ins Auto steigen und, weil Sie so gut drauf sind, einen tollen Musiksender einstellen. Im Kino angekommen, reihen Sie sich in die Schlange vor der Kasse ein und schauen sich interessiert die Vorankündigung neuer Filme an, bis Sie an die Reihe kommen. Sie finden einen sehr guten Platz und amüsieren sich schon beim Vorfilm: »Diesen Film werde ich mir auf jeden Fall auch ansehen, der ist wirklich gut!«

Dann fängt der Hauptfilm an und Sie vergessen alles um sich herum, weil das Thema Sie so interessiert und die Schauspieler großartig sind. Sehen Sie sich gelöst und entspannt auf die Leinwand schauen und über die vielen witzigen Stellen im Film lachen. Sie fühlen sich wunderbar und bestens unterhalten und dieses Gefühl lässt Sie auch auf dem Heimweg nicht los. Sie sagen sich aus vollem Herzen, bevor Sie ins Bett gehen: »Ich habe mich heute außerordentlich gut unterhalten und wirklich eine tolle Zeit gehabt. Das mache ich bald mal wieder.«

Gehen Sie ins Detail

Gehen Sie bei dieser Übung in möglichst viele Details und empfinden Sie dabei ein angenehmes Gefühl von Selbstvertrauen, Sicherheit, Zufriedenheit, Stolz und Zuversicht. Wenn Ihre Phantasie gerade eine Pause einlegt und Ihnen keine Details einfallen, wie Sie etwas gut alleine schaffen, ist das auch kein Problem. In diesem Fall gibt es eine einfache Übungsvariante, bei der Sie sich mit Einzelheiten gar nicht aufzuhalten brauchen. Hierbei gehen Sie in Gedanken gleich zum erfolgreichen Ergebnis der Sache, was in unserem konkreten Fall so aussehen kann:

Übung

Schalten Sie auch hier erst einmal die Prisma-Entspannungsübung vor. Dann machen Sie folgendermaßen weiter:

1. Stellen Sie sich vor, Sie rufen eine gute Freundin an und erzählen ihr ganz begeistert, dass Sie vorhin allein im Kino waren und es wirklich in vollen Zügen genossen haben. Hören Sie Ihre Freundin dann zum Beispiel sagen: »Ich wusste ja, dass du es allein schaffst! Toll, dass du so einen schönen Abend hattest. Ich wünschte, ich würde mich auch trauen, so wie du alleine auszugehen und dabei eine gute Zeit zu haben. Du hast das wirklich toll hin-

gekriegt, einfach phänomenal! Ich bin ja so stolz auf dich. Gratuliere!«

2. Fühlen Sie bei dieser Vorstellung, wie Sie sich aus vollem Herzen über die Annerkennung und das Lob freuen. Spüren Sie ganz intensiv das wunderbare Gefühl, es alleine geschafft zu haben.

Beide Übungen lassen sich auf jede Situation anwenden, die Ihnen Schwierigkeiten bereitet. Praktisch ist auch, dass die Übungen nicht ausschließlich im stillen Kämmerlein durchgeführt werden müssen, sondern auch überall dort gemacht werden können, wo Sie eine Weile die Augen ungestört zumachen können.

Affirmationen geben Ermutigung

Aber auch mit Affirmationen können Sie sich selber helfen. Affirmationen sind positive Sätze, die Aufschwung geben und einen ermutigenden Effekt auf die Psyche haben.

Es ist nur allzu leicht, nach einer Trennung in negative Gedanken abzugleiten. Gedanken wie »Ach, ich kann wahrscheinlich sowieso keine Beziehung aufrechthalten«, »Wer will mich schon in meinem Alter?« oder »Für mich ist das Leben jetzt vorbei« geben wahrscheinlich Ihre derzeitige Stimmung genau wieder, nützen aber wenig, wenn Sie Ihr Selbstbewusstsein wieder aufmöbeln wollen. Da sind Sie besser bedient, wenn Sie ganz bewusst Positives denken, etwa so:

»Es wird schon wieder!«

»Mit jedem Tag fühle ich mich besser.«

»Heute geht es schon besser als gestern.«

»Ich freue mich schon auf all die schönen Dinge, die ich ab sofort unternehmen kann.«

»Diese Trennung sehe ich als Chance, und diese Chance kommt mir gerade recht!«

»Ich gewöhne mich leicht und schnell daran, alleine etwas zu unternehmen.«
»Ich staune, wie gut ich mit der Trennung fertig werde.«
»Ich besinne mich jetzt ganz auf meine Bedürfnisse und behandle mich selber mit Rücksicht und Wohlwollen.«
»Endlich kann ich mal genau das machen, was ich möchte! Was für ein Glück!«

Intuitiv zur geeigneten Affirmation greifen

Lesen Sie diese Liste ein paar Mal durch und achten Sie darauf, was dabei in Ihrem Bauch vor sich geht. Ihr Bauch ist eine Art Wetterfahne, die Ihnen genau sagt, wenn etwas für Sie richtig ist. Benutzen Sie also Ihr Bauchgefühl (auch Intuition genannt), um sich die Affirmation herauszusuchen, die Ihnen persönlich am meisten zusagt. Es wird Ihnen auffallen, dass Sie der eine oder andere Satz besonders anspricht, und das ist dann auch der Richtige für Sie. Sie können sich den Satz merken, Sie können ihn aber auch auf einen Zettel schreiben, den Sie immer bei sich tragen.

Affirmationen können Sie laut sagen (möglichst nicht, wenn Sie in der Straßenbahn sitzen!), Sie können Sie sich nur als Gedanken durch den Kopf gehen lassen oder Sie können den Satz mehrmals täglich aufschreiben. Egal, wie Sie es machen, beachten Sie bitte folgende Regeln:

Regel 1 Sie dürfen die obigen Affirmationen ruhig verändern, aber bitte formulieren Sie in der Gegenwart, nicht in der Zukunft.
Richtig: Mir geht es mit jedem Tag besser.
Falsch: Ich werde mich bald besser fühlen.

Regel 2 Formulieren Sie immer auf positive Weise.
Richtig: Ich komme mit der Trennung überraschend gut klar.
Falsch: Bald fühle ich mich nicht mehr so depressiv.

Regel 3

Ob Sie Ihre Affirmationen nun laut sagen, nur denken oder aufschreiben: Benutzen Sie sie so oft wie möglich, und zwar jeden Tag.

Nur so werden sich die positiven Worte auch im Unterbewusstsein festsetzen und dort eine positive Wirkung auf Ihre Gefühle erzielen können.

Regel 4

Denken oder sagen Sie Ihre Affirmationen mit viel Gefühl.

Das hilft ebenfalls, die positive Botschaft besser im Unterbewusstsein zu speichern. (Sie brauchen dabei nicht zu glauben, was Sie sich sagen. Das Glauben kommt erst später, wenn Sie auf einmal die Resultate sehen. Skeptisch sein ist durchaus erlaubt.)

Regel 5

Schieben Sie es nicht auf, sondern fangen Sie jetzt sofort an!

Worte und Gedanken haben immense Kraft

Es kann gut sein, dass Sie zunächst sehr skeptisch sind, wenn Sie sich Ihre Affirmationen vorsagen. Sie kommen sich vielleicht etwas lächerlich vor, Ihre alten negativen Gedanken durch »künstliche« positive zu ersetzen, aber der Erfolg wird Ihnen recht geben. Worte und Gedanken haben große Kraft und können Ihre Laune günstig beeinflussen. Und wer ist schon gerne miesepetrig, wenn er gelassen und fröhlich sein kann? Sie doch ganz bestimmt nicht …!

Im Folgenden haben wir Ihnen noch ein Skript zusammengestellt, das Sie sich selber auf Band sprechen können. Dieses Skript besteht aus positiven Gedanken, die Ihnen helfen werden, besser über die Trennung hinwegzukommen. Einleitend sollten Sie erst den Entspannungsteil sprechen und erst dann das eigentliche Skript anschließen. Entspannung ist wichtig, weil das Unterbewusstsein erst im entspannten Zustand aufnahmefähig ist. Außerdem beruhigt die Entspannungsübung auch das Gemüt, was angenehm ist, wenn die Gefühlswellen einmal besonders hoch schlagen.

Beginnen Sie mit Entspannung

Sprechen Sie den folgenden Text langsam und ruhig auf eine Tonbandkassette. Sie können auch im Hintergrund schöne (aber ruhige) Musik laufen lassen, wenn Sie wollen; das hat auf viele Menschen noch eine vertiefend beruhigende Wirkung.

Übung Teil 1

Entspannung

»Ich mache es mir jetzt einmal ganz bequem und schließe die Augen. Ich höre einen Moment lang meinem Atem zu…

Mein Atem geht ruhig und gleichmäßig…

Ich atme leicht und mühelos…

Mit jedem Atemzug schwebe ich in tiefere und angenehmere Entspannung…

Meine Füße sind schwer und angenehm träge…

Mein Atem geht leicht und mühelos…

Meine Beine sind schwer und angenehm träge…

Mein Atem geht leicht und mühelos…

Mein Unterleib entspannt und lockert sich, wird weit und angenehm träge…

Mein Atem geht leicht und mühelos…

Mein Oberkörper entspannt und lockert sich, wird weit und angenehm träge…

Mein Atem geht leicht und mühelos…

Meine Hände sind schwer und angenehm träge…

Mein Atem geht leicht und mühelos…

Meine Arme entspannen und lockern sich, werden schwer und angenehm träge…

Mein Atem geht leicht und mühelos…

Meine Schultern entspannen und lockern sich, werden

schwer und angenehm träge …
Mein Atem geht leicht und mühelos …
Mein Gesicht entspannt und lockert sich, wird weit und angenehm träge …
Mein Atem geht leichter und leichter …
Mit jedem Atemzug atme ich Entspannung ein …
… und Spannung aus …
Ich entspanne mich auf natürliche und einfache Art …«

Skript

Teil 2

»Meine innere Ruhe ist mir ein großer Halt. Ich ruhe in mir selber und genieße den inneren Frieden, der mich sanft von einer Minute zur nächsten weiterträgt im Leben. Ich lasse all das los, was ich nicht mehr brauche. Ich ruhe in mir selber und bin voller Zuversicht und Vertrauen, dass mein Leben sich zum Besten entfaltet. Langsam und allmählich löse ich mich von Gefühlen, die mich in meiner persönlichen Entwicklung gehemmt haben. Wie ein Schmetterling aus der Raupe hervorgeht, so kommen jetzt meine wahren Stärken zum Vorschein.

Sie sind voller Zuversicht und Vertrauen

Ich freue mich auf all die neuen Chancen, die sich mir jetzt bieten, und genieße es, einen neuen Lebensabschnitt zu beginnen. Ich bin voller Zuversicht und Freude in Bezug auf mein neues Leben. Zahlreiche neue Möglichkeiten tun sich auf, die wiederum neue Chancen bieten, und ich greife mit beiden Händen zu! Ich gehe ruhig und stetig in meiner persönlichen Entwicklung weiter, Schritt für Schritt, mit jedem Tag etwas weiter, und freue mich an meinen Fortschritten. Ich werde immer positiver und gelassener, aktiver und selbstbewusster mit jedem Tag. Ich lerne gerne und ich lerne viel Neues, das mir im Leben weiterhilft. Ich freue mich auf all die neuen Menschen, die ich kennen lerne und genieße die Freundschaft, die mir von allen Seiten entgegengebracht wird.«

Wenn Sie obigen Text auf Band sprechen, dann hören Sie das Band bitte *auf keinen Fall* beim Autofahren an. Die Entspannungsübung kann eine durchschlagende Wirkung haben, und Sie wollen schließlich Ihren Wagen nicht um einen Baum wickeln! Setzen oder legen Sie sich also immer erst bequem hin, stellen Sie sicher, dass Sie für die nächste Viertelstunde nicht gestört werden, und geben Sie sich ganz dem positiven Skript hin. Sie werden sich nach dem Anhören Ihrer Kassette ruhiger und zuversichtlicher fühlen.

Nehmen Sie die Zukunft vorweg

Wenn Sie keine Möglichkeit haben, die obige Entspannungsübung und das Skript aufzunehmen, dann schreiben Sie sich eben den zweiten Teil ab und lesen ihn sich mehrmals täglich mit viel Gefühl durch. Tun Sie so, als ob all die positiven Dinge schon eingetreten wären, von denen das Skript erzählt. Am Anfang kommen Sie sich dabei wahrscheinlich ein bisschen komisch vor, aber das macht nichts. Halten Sie durch. Nach ein paar Tagen merken Sie, wie sich Ihre Laune bessert und es tagsüber immer mal wieder Lichtblicke der Hoffnung und Freude gibt. Es ist nicht die Situation selbst, die entscheidet, ob wir glücklich oder traurig sind, es ist unsere *Einstellung* zu der Situation, die ausschlaggebend ist.

Neue Zukunftsperspektiven entwickeln

Wenn Sie erst einmal aus dem gröbsten Gefühlschaos heraus sind, wird es Zeit, Ihr Leben wieder in Fasson zu bringen. Sie haben jetzt die einmalige Gelegenheit, selbstständig und eigenverantwortlich Zukunftspläne zu schmieden, die Sie ab sofort verfolgen können, ohne auf einen Partner Rücksicht nehmen zu müssen.

Das heisst aber keinesfalls, dass Sie sich auf ein Solo-Dasein für die nächsten zehn Jahre einrichten sollen. Es ist vollkommen in Ordnung, nach einer angemessenen Neuorientierungsphase und nach dem seelischen Abnabeln vom Ex-Partner nach einer neuen Beziehung Ausschau zu halten, nur sollten Ihre Zukunftspläne nicht davon abhängig sein, ob oder wann Sie sich wieder liieren. Machen Sie Pläne für Ihr Leben unabhängig von einem eventuellen neuen Partner. Sollte sich demnächst eine neue Beziehung ergeben, dann ist das wunderbar; wenn nicht, dann haben Sie auf jeden Fall Ihre Zunkunftsprojekte. Diese sollten Sie auch nicht aufgeben, wenn ein neuer Partner auftaucht!

Schmieden Sie Ihre eigenen Pläne

Die Zukunftspläne, die wir hier besprechen, sind nicht als Ersatz für den verlorenen Partner gedacht; sie sind in jedem Fall wichtig, ob Sie nun solo sind oder in einer Beziehung. Pläne und Projekte geben dem Leben einen Fokus. Das Streben nach neuen Fertigkeiten, nach Erkenntnissen, nach beruflichem Fortkommen und nach der Verbesserung der Welt um uns herum hilft nicht nur uns selbst, seelisch gesund zu bleiben, sondern bringt uns auch in Kontakt mit anderen

Jetzt das eigene Leben in die Hand nehmen und nach Weiterentwicklung streben.

Menschen, die dann wiederum selber durch unser Streben inspiriert und motiviert werden.

Letztendlich liegt der Sinn des Lebens vielleicht darin, dass jeder von uns danach trachtet, das Beste aus sich zu machen und seine Fähigkeiten und Qualitäten voll auszuschöpfen. Aus diesem Streben kann Lebensfreude erwachsen, die wir uns selber geben können. Und wer Freude empfinden kann, ist attraktiv, denn Freude hat eine anziehende Wirkung auf andere Menschen. Wenn Sie also einen neuen Partner suchen, dann können Sie nichts besseres tun, als sich im Leben voll einzusetzen, indem Sie Projekten nachgehen, die Sie interessieren.

Freude macht attraktiv

Manch unfreiwilliger Single sagt: »Erst wenn ich einen neuen Partner haben, hat mein Leben wieder Sinn.« In Wirklichkeit ist es aber anders herum. Erst wenn Ihr Leben einen Sinn für Sie hat, finden Sie auch den *richtigen* Partner, der zu Ihnen passt, weil er oder sie nämlich Ihre Ziele teilt.

Es ist erstaunlich, wie wenige Menschen sich klare Ziele setzen. Manche leben nur vor sich hin, machen die von den Eltern erwartete Schulausbildung, suchen sich eine Arbeit und gründen eine Familie. All das verläuft oft auf dem Trampelpfad der Allgemeinheit. Das Bestreben, das Gleiche zu haben oder zu erreichen wie die Nachbarn ist oft der einzige Ehrgeiz. Das ganz Persönliche und Individuelle des Einzelnen bleibt dabei nicht selten auf der Strecke.

Wer sich dann auf den Wogen der Allgemeinheit hat treiben lassen, erlebt in seinen mittleren Jahren um die 40 oder 45 herum einen Schock. Man ist jetzt »älter« und geht in die zweite Hälfte seines Lebens hinein, ohne sich vom Gros der Menschheit abgehoben oder sich selbst verwirklicht zu haben. Die *Midlife-Crisis* ist die Angst vor der Mittelmäßigkeit, der Unbedeutsamkeit der eigenen Person und der Vergänglichkeit des Lebens.

Was ist Ihr Lebenssinn?

Dieser Krise können Sie aber entgehen, vorausgesetzt, Sie machen sich die Mühe, eine Passion für Ihr Leben zu entwickeln. Dazu müssen Sie sich aber erst einmal selber näher kennen lernen. Was wissen Sie eigentlich über sich selber?

Schlüsselfragen

- Was haben Sie bis jetzt im Leben erreicht, was Ihnen wichtig war?
- Was möchten Sie in den nächsten fünf Jahren erreichen?

Notieren Sie bitte Ihre Antworten auf einem Stück Papier.

Bei diesen Schlüsselfragen geht es darum, einmal wirklich Bilanz zu ziehen, was Sie bis jetzt erreicht haben und was Sie sich für die Zukunft als Ziel stecken wollen.

Bei der ersten Schlüsselfrage zählen alle Errungenschaften und Leistungen, auch die kleineren. Die Hauptsache ist, *dass Ihnen diese Leistung zu dem damaligen Zeitpunkt wichtig war.*

Bei der zweiten Schlüsselfrage geht es darum, sich ein Ziel zu stecken, das für Sie persönlich einen großen Stellenwert in Ihrem Leben hat. Wenn Ihnen im Moment nichts einfällt, können Sie sich mit folgender Übung behelfen.

Übung

1. Setzen oder legen Sie sich bequem hin und schließen Sie die Augen.
2. Atmen Sie ein paar Mal tief ein und aus, um sich zu entspannen.
3. Denken Sie an einen Erfolg, den Sie in der Vergangenheit hatten, egal wie klein oder groß er war. Spüren Sie, wie Ihr Körper auf diese Erfolgserinnerung reagiert.

4. Jetzt stellen Sie sich vor, Sie könnten mit einer Zeitmaschine in die Zukunft reisen und sich selber beobachten, wie Sie zufrieden einer Tätigkeit nachgehen, die Sie erfüllt und glücklich macht. Welches Bild stellt sich Ihnen jetzt dar? Womit sind Sie in Ihrer Zukunftsvision beschäftigt?
   Achten Sie darauf, ob Sie ein ähnlich positives Körpergefühl wie bei Punkt 3 feststellen können.

Hier ein paar Tipps, wenn Sie zunächst Schwierigkeiten mit dieser Übung haben:

Tipp 1

Erzwingen Sie nichts

Wenn Ihnen kein Ziel einfällt, dann machen Sie die Übung einfach mehrere Tage hintereinander. Einfälle kann man nicht erzwingen. Wenn Ihnen also beim ersten Durchführen der Übung keine spontane Idee kommt, dann stellen Sie sich die Frage eben immer wieder, sodass die Frage eines Zukunftsprojektes von Ihrem Unterbewusstsein gespeichert wird. Ihr Unterbewusstsein behandelt dann dieses Thema wie einen Auftrag und liefert Ihnen nach ein paar Tagen eine Antwort, oft zu einem ganz unerwarteten Zeitpunkt.

Tipp 2

Wenn Ihnen Ihre Zukunftsvision etwas verrückt erscheint, nehmen Sie sie bitte trotzdem ernst. Vieles, was uns zuerst undurchführbar erscheint, lässt sich nach genauerem Hinschauen doch erreichen. Verwerfen Sie darum ungewöhnliche Ideen nicht sofort, sondern prüfen Sie doch einmal, was Sie tun müssten, wollten Sie die Idee tatsächlich in die Tat umsetzen. Ziehen Sie Erkundigungen ein und informieren Sie sich über Ansatzpunkte oder Ansprechpartner, die Ihnen einen Lösungsweg bieten könnten. Jedes erfolgreiche Unternehmen hat mit einer Idee angefangen, die nicht selten von anderen belächelt wurde, nur um dann später in ihrem Ergebnis als unverzichtbar anerkannt zu werden.

Tipp 3

Wenn Ihnen kein Erfolg aus der Vergangenheit einfällt, dann fragen Sie doch einmal bei Freunden und Verwandten nach, ob ihnen nicht etwas einfällt, was Sie ihrer Meinung nach gut gemacht haben. Es ist erstaunlich, wie oft andere viel klarer als wir selber sehen, was wir im Leben erreicht haben. Und wenn auch von anderer Seite keine Einfälle kommen, dann *erfinden* Sie eben einen Erfolg. Stellen Sie sich vor, dass Sie vor kurzem eine Sache gut zu Ende gebracht hätten und versetzen Sie sich so richtig in diese Phantasie hinein. Bei Punkt 3 unserer Übung geht es hauptsächlich darum, ein positives Körpergefühl zu erzeugen, sodass Sie einen Anhaltspunkt haben, ob Sie mit Ihrer Zukunftsvision ins Schwarze getroffen haben.

Tipp 4

Wenn Sie Schwierigkeiten haben, ein positives Körpergefühl festzustellen, dann erwarten Sie vielleicht eine zu starke Körperreaktion. Wenn wir von einer körperlichen Reaktion auf einen Gedanken sprechen, dann kann diese Reaktion sehr subtil sein. Sie stellen vielleicht lediglich fest, dass sich Ihre Mundwinkel nach oben ziehen oder dass sich Ihre Magengegend warm und wohlig anfühlt, während Sie an einen vergangenen oder zukünftigen Erfolg denken. Manche Menschen stellen auch eine Veränderung der Atmung fest: langsamerer Atem als Anzeichen der Entspannung oder etwas schnellerer Atem durch die positive Erregung der Freude. Körpergefühle sind individuell verschieden – es gibt hier kein Richtig oder Falsch. Beobachten Sie einfach nur, wie und wo sich Ihr Körpergefühl verändert.

Wegweiser zum Ziel

Haben Sie erst einmal herausgefunden, wie Sie sich Ihre Zukunft vorstellen, dann haben Sie schon einmal ein wichtiges Ziel erreicht, nämlich den Wegweiser. Jetzt muss aber noch ein zweiter Schritt erfolgen, und das ist das *aktive Verfolgen* Ihres Zieles. Träume sind gut und schön, aber sie nützen Ihnen überhaupt nichts, wenn ihnen nicht aktives Handeln folgt. Davor haben aber viele Menschen Angst, nach dem Motto: »Wenn ich mein Ziel nie angehe, dann kann ich auch keine Misserfolge erleiden.«

Rückschläge gehören dazu

Das ist zwar wahr, aber letztendlich nur eine Kurzzeit-Strategie. Jeder erfolgreiche Mensch hat auf dem Weg zum Erfolg auch einige Rückschläge eingesteckt und Hindernisse überwinden müssen. Es ist ein Gerücht, dass man alles sofort richtig machen muss, um ans Ziel zu kommen. Viel wichtiger sind eine positive Einstellung und Hartnäckigkeit, denn diese beiden »Zutaten« helfen Ihnen, am Ball zu bleiben, wenn es mal nicht so glatt läuft.

Hier sind einige Tipps, wie Sie Ihr Ziel aktiv angehen können.

Tipp 1 Teilen Sie den Weg zu Ihrem Ziel in kleine Schritte ein. Dabei gilt jeder Telefonanruf, den Sie in Sachen Ziel machen, jeder Erkundigungsgang, den Sie unternehmen, und jede Anfrage als ein Schritt. Unternehmen Sie jeden Tag einen Schritt. Je weniger Zeit Sie auf Ausreden verschwenden, desto schneller nähern Sie sich Ihrem Ziel.

Tipp 2 Setzen Sie sich in Verbindung mit Leuten, die das machen, was Sie sich zum Ziel gesetzt haben. Achten Sie dabei darauf, dass diese Leute erfolgreich in ihrem Unternehmen sind, denn nur ein erfolgreicher Mensch kann Ihnen wirklich weiterhelfen. Wer Ihnen nur vorjammert, wie schwierig das Leben ist, nützt Ihnen nichts, sondern zieht Sie nur mit sich hinunter.

Tipp 3 Sammeln Sie so viel Information über Ihr Projekt, wie Sie können. Versuchen Sie auch ruhig, sich mit Autoren von

Büchern und Artikeln über Ihr Interessengebiet in Verbindung zu setzen, um mehr Einzelheiten in Erfahrung zu bringen.

Tipp 4

Kosten Sie vor! Wenn es Abendkurse zu Ihrem Ziel gibt, dann schreiben Sie sich ein. Auf diese Weise merken Sie dann sehr schnell, ob Ihnen das Thema wirklich liegt und ob es sich für Sie lohnt, es weiter zu verfolgen.

Tipp 5

Lassen Sie sich bitte nicht durch Unkenrufe von Ihrem Ziel abhalten. Wer Ungewöhnliches oder auch nur Neues anstrebt, bekommt oft zu hören, dass es unmöglich ist, dieses Ziel zu erreichen. Dabei sind es meistens die Leute, die selber nie Neues im Leben gewagt haben, die diese »Expertenmeinung« von sich geben... Hören Sie grundsätzlich nur auf Gewinner, nicht auf Verlierer!

Tipp 6

Führen Sie ein Tagebuch über Fortschritte, Rückschritte und Triumphe. Auch das trägt dazu bei, Ihr Durchhaltevermögen zu stählen.

Wer sich Ziele im Leben setzt und sie aktiv verfolgt, wird selbständiger und dadurch selbstsicherer. Wer selbstsicher ist, wird sich nicht so schnell in eine Beziehung stürzen, die nicht die richtige ist, denn er macht sich das eigene Leben schön und braucht diese Verantwortung nicht auf den Partner abzuwälzen. Außerdem hilft die Arbeit an einem neuen Projekt auch, die anfängliche Leere nach der Trennung positiv zu füllen, und trägt so dazu bei, schneller über die Trennung hinwegzukommen.

Fallbeispiel

Sylvia (47) war seit fünf Jahren geschieden. Ihr Ex-Mann Gerd (47), ein Antiquitätenhändler, war ein guter Geschäftsmann, aber leider ein treuloser Ehemann, der drei Monate nach der Eheschließung schon eine Affäre mit der Nachbarin angefangen hatte. Sie hatten zwei Kinder, die zur Zeit der Scheidung neun und 11 Jahre alt waren. Auch als Sylvia mit dem jüngeren Sohn sieben Monate schwanger war, vergnügte sich Gerd anderweitig. Sylvia arbeitete damals halbtags in der Buchhaltung ihres Mannes.

»Er war ein Spieler und er trank. Aber er konnte auch sehr charmant sein«, erzählte Sylvia. »Ich wäre wahrscheinlich bei ihm geblieben, weil ich irgendwie annahm, dass es mir als Ehefrau nicht zustand, glücklich zu sein. Dafür hatte ich eben den Status der Ehefrau und die finanzielle Sicherheit, dass mein Mann das Geld nach Hause brachte. Ich dachte mir, es könnte ja auch schlimmer sein, und war für jede Freundlichkeit dankbar, die mir mein Mann erwies.«

Die Ehe war endgültig vorbei, als Gerd eines Tages mit dem Aupairmädchen auf Nimmerwiedersehen verschwand und nicht nur ein leeres Bankkonto, sondern auch enorme Schulden hinterließ. Sylvia musste sich jetzt mit ihrem Leben neu auseinandersetzen. Sie übernahm das Geschäft ihres Mannes und baute es unter ihrem eigenen Namen wieder auf. Sie schaffte Geschäftsverbindungen ins Ausland, wo sie reiche Sammler mit der Beschaffung auserlesener Möbelstücke beauftragte.

Eine Trennung kann auch ein wichtiger Schritt zur Selbstentfaltung sein

»Ich würde mich nie mehr im Leben mit so wenig zufrieden geben, wie ich damals in der Ehe mit Gerd bekam. Er hat mir den größten Gefallen meines Lebens getan, mich damals zu verlassen. Ich musste endlich erwachsen werden und habe mir damals zum ersten Mal ein eigenes Ziel gesetzt. Das war zwar am Anfang ein enormer Stress, aber es hat mir auch geholfen, eine gesicherte finanzielle Zukunft für mich und die Kinder aufzubauen. Außerdem bin ich überzeugt, dass ich durch die Beschäftigung mit meinem Ziel auch schneller über die Trennung mit Gerd hinweggekommen bin.«

Fragen und Antworten

4 KAPITEL

Hier haben wir nun die Fragen gesammelt, die uns in Seminaren und in Form von Leserzuschriften am häufigsten zum Thema »Trennungen« gestellt werden. Wir beantworten sie im Folgenden so ausführlich wie möglich und weisen dabei auch auf einzelne Kapitel und Übungen in diesem Buch hin, sodass Sie gleich eine Hilfestellung haben, falls Sie sich in einer ähnlichen Lage befinden.

»Ich trauere meiner Freundin zwar nicht mehr nach, aber ich komme mit dem Alleinsein nicht klar. Was kann ich tun?«

Alleinsein als Chance

Sie haben jetzt die großartige Chance, sich intensiv um Dinge zu kümmern, zu denen Ihnen bisher einfach die Zeit fehlte. Packen Sie die Gelegenheit beim Schopf, um zum Beispiel in Ihrem Beruf weiterzukommen. Das kann so aussehen, dass Sie beispielsweise immer wieder liegen gebliebene Aufgaben jetzt in Angriff nehmen und erledigen, zusätzliche Projekte übernehmen oder vielleicht einen Fortbildungskurs belegen. Oder warum nicht die günstige Gelgenheit nützen und Ihren Hobbies ausgiebig nachgehen? Jetzt ist auch der ideale Zeitpunkt, um bestehende Freundschaften mehr zu pflegen und sich regelmäßig zu treffen.

Egal, wofür Sie sich entscheiden, achten Sie darauf, jeden Tag auf jeden Fall einmal aus dem Hause zu gehen und

Jeden Tag für Abwechslung und Unterhaltung sorgen.

mit anderen Menschen zu reden, um sich nicht völlig abzukapseln. Setzen Sie sich eine Weile gemütlich in ein Café und sprechen Sie ein paar Sätze mit anderen Gästen oder der Bedienung. Gehen Sie zum Einkaufen und unterhalten Sie sich eine Weile mit anderen Kunden vor der Kasse oder mit der Kassiererin. Machen Sie einen Spaziergang, bei dem Sie einen Hundebesitzer auf seinen schönen/wohlerzogenen/seltenen Hund ansprechen. Es kommt dabei nicht darauf an, ein immenses Fachwissen an den Tag zu legen oder lange Diskussionen anzufachen – es ist nur wichtig, auf andere zuzugehen und Neuem gegenüber offen zu sein.

Auch als Single sind Sie nicht zwangsläufig einsam

Fangen Sie langsam an, sich als Single Ihre Sporen zu verdienen. Alleine sein heißt ja keineswegs, einsam zu sein und schon gar nicht, sich zu langweilen und zum Trauerkloß zu werden. Unternehmen Sie jeden Tag kleine Schritte in Richtung Unterhaltung und Abwechslung. Nutzen Sie die neu gewonnene Zeit, denn der nächste Partner kommt bestimmt, und dann ist es vorbei mit der vielen Freizeit!

Hilfestellung **Machen Sie sich an die Liste der Vorteile des Alleinseins (S. 73 f) und lesen Sie zusätzlich »Die Kunst, das Alleinsein zu genießen« von Vera Peiffer.**

»In unserer Ehe hat mein Mann immer alles Finanzielle erledigt. Jetzt nach der Scheidung muss ich das auf einmal alles selber machen und habe eine Riesenangst davor. Wie kann ich mit dieser Schwierigkeit fertig werden?«

Was andere können, können Sie auch

Machen Sie sich keine Sorgen, denn was andere können, kann nicht so schwer sein, auch wenn Sie es erst lernen müssen. Niemand verlangt von Ihnen, dass Sie an einem Tag sämtliche Angelegenheiten geregelt haben und schon gar nicht, dass Sie das ohne Hilfe hinkriegen. Der Schlüssel für die Lösung liegt darin, sich nicht von seinen Befürchtungen ins Bockshorn jagen zu lassen, sondern das Problem aktiv in Angriff zu nehmen!

Schritt 1

Fangen Sie zunächst einmal damit an, das Wort »alles« zu konkretisieren. Machen Sie sich dazu eine Liste, indem Sie, ruhig unsortiert, jeden Punkt aufschreiben, der in puncto Geldangelegenheiten geregelt werden muss. Das können zum Beispiel Dinge sein wie das Ausrechnen der monatlich laufenden Kosten, Kontoauszüge lesen lernen, ein unverständliches Formular vom Finanzamt ausfüllen und so weiter.

Schritt 2

Legen Sie jetzt die Reihenfolge fest, indem Sie alle Aufgaben nach Dringlichkeit nummerieren. Jetzt haben Sie schon einen wichtigen Teil der Arbeit erledigt, indem Sie sich einen Überblick verschafft und einen Plan gemacht haben. Wichtiges kann Ihnen nun nicht mehr durch die Lappen gehen!

Schritt 3 Wenden Sie sich jetzt nur Punkt 1 Ihrer Liste zu. Der Rest kann erst einmal beiseite gelegt werden. Am leichtesten bekommt man Informationen von den Stellen, die sich von Berufs wegen mit Finanzen befassen. In unserem Fall wäre das die Bank oder das Finanzamt. Rufen Sie dort an oder gehen Sie persönlich vorbei und fragen Sie einfach, wie Sie vorgehen müssen. Eine weitere Möglichkeit besteht darin, jemanden aus dem Freundeskreis zu bitten, Ihnen weiterzuhelfen. Nehmen Sie sich Zeit dazu, den ersten Punkt Ihrer Liste mit Hilfe der anderen Person durchzuarbeiten. Fragen Sie solange, bis Sie wirklich alles verstanden haben.

Schritt 4 Seien Sie stolz auf sich!

Hilfestellung **Befassen Sie sich intensiv mit den Kapiteln »Selbstbewusstsein durch Positives Denken« (S. 86 f) und lesen Sie zur Vertiefung das Buch »Positives Denken« von Vera Peiffer.**

»Meine Freundin ist nach sechsmonatiger Trennung wieder bei mir aufgetaucht und hat mich gebeten, es noch einmal miteinander zu versuchen. Wir hatten uns damals getrennt, weil sie sich eingeengt fühlte. Soll ich ihr eine zweite Chance geben?«

Der zweite Versuch mit der/dem Ex

In der Regel ist es besser, von einem zweiten Versuch mit dem Ex-Partner abzusehen, es sei denn, es hätte sich etwas ganz Wesentliches geändert. Ist das wirklich der Fall? Überlegen Sie bitte ganz genau und seien Sie ehrlich. Wenn Sie jetzt aus den falschen Beweggründen heraus »Ja« sagen, dann ist der Misserfolg programmiert.

Sollten Sie nach eingehender Prüfung Ihrer Beweggründe zu dem Entschluss kommen, der alten Beziehung noch eine

Chance zu geben, dann überstürzen Sie bitte nichts: Behalten Sie Ihre eigene Wohnung erst einmal bei, während Sie Ihre Zeit wieder mehr mit Ihrer Freundin verbringen. Geben Sie dabei aber nicht gleich wieder alle Ihre neuen Projekte auf, denn etwas Abstand ist eine wertvolle Hilfe, in Ruhe zu testen, ob die Partnerschaft jetzt auch wirklich funktioniert. Wenn ja, ist es ein Leichtes, wieder zusammenzuziehen. Wenn Sie es sich finanziell leisten können, dann behalten Sie Ihre eigene Wohnung noch einen weiteren Monat, während Sie schon in der gemeinsamen Wohnung leben. Getrennt glücklich miteinander sein ist um einiges leichter als im täglichen Zusammenleben miteinander auszukommen. Falls es in der »Probezeit« nicht klappt, haben Sie dann nicht zu viel aufgegeben und brauchen Ihr selbstständiges Leben nicht wieder von vorne aufzubauen.

Überstürzen Sie nichts

Hilfestellung **Befassen Sie sich intensiv mit den Listen »Das Alleinsein hat für mich folgende Vorteile« (S. 73 f) und »Was mich am Zusammensein mit meinem Ex-Partner gestört hat« (S. 76) sowie mit dem Fragebogen auf S. 70.**

»Ich habe mich vor drei Monaten von meinem Mann getrennt. Seitdem werde ich von einem alten Verehrer gedrängt, der mit mir eine Beziehung eingehen will. Ich fühle mich sehr einsam und finde ihn auch ganz nett. Soll ich »Ja« zu ihm sagen?«

Es ist verständlich, dass Sie noch Zeit brauchen, um mit der Trennung von Ihrem Mann fertig zu werden. Wenn Sie sich jetzt oft einsam fühlen, dann gehen Sie am besten gezielt daran, das zu ändern. Gehen Sie mindestens einmal am Tag aus dem Haus, sprechen Sie viel mit anderen Menschen, ver-

abreden Sie sich mit Freunden und nehmen Sie sich Zeit für Ihre Hobbys. Solche Aktivitäten helfen Ihnen dabei, die anfänglichen Gefühle der Einsamkeit nach der Trennung leichter zu bewältigen. Gleichzeitig bewahrt Sie ein aktives Leben davor, aus Angst vor dem Alleinsein möglicherweise eine neue Beziehung einzugehen, die nicht die richtige ist.

Außerdem überlegen Sie vielleicht auch einmal, ob Sie einer guten Freundin zu einer Verbindung mit einem Mann raten würden, den sie mit »ganz nett« beschreibt. Sicherlich würden Sie eher abraten, denn »ganz nett« ist einfach nicht gut genug. Für eine Beziehung sollten Sie nach einem Partner Ausschau halten, bei dem Ihnen spontan wesentlich enthusiastischere Begriffe einfallen als »ganz nett« ...

Nehmen Sie sich Zeit für Aktivitäten, die Ihnen Spaß machen.

Seien Sie fair und machen Sie Ihrem Verehrer keine falschen Hoffnungen. Sagen Sie ihm freundlich aber bestimmt, dass für Sie eine Beziehung mit ihm nicht das Richtige ist. Ein Mensch, dem wirklich an Ihnen liegt, wird Ihre Wünsche respektieren und Sie nicht weiter bedrängen.

Hilfestellung **Beschäftigen Sie sich insbesondere mit den Kapiteln über Einsamkeit (S. 41 f) und Lückenbüßer-Beziehungen (S. 77 f) und möbeln Sie Ihr Selbstbewusstsein mit Positivem Denken auf (S. 86 f).**

»Ich bin stocksauer auf meinen Ex-Verlobten, der mich Knall auf Fall abserviert hat. Am liebsten würde ich ihm an seinem Arbeitsplatz vor allen Kollegen eine Riesenszene machen. Meine Freunde raten mir aber davon ab. Was meinen Sie dazu?«

Ihre Wut ist zwar verständlich, aber letztlich würde eine Szene am Arbeitsplatz Ihrem Ex-Verlobten doch nur zeigen, wie verletzt Sie sind, weil er Sie verlassen hat. Wollen Sie ihm wirklich diese Genugtuung geben? Versuchen Sie stattdessen lieber, erst einmal einen klaren Kopf zu bekommen und Ihren Ärger auf konstruktive Weise loszuwerden, denn das hilft Ihnen bedeutend mehr. Außer den Übungen (siehe »Hilfestellung«) können Sie sich auch Erleichterung verschaffen, wenn Sie sich körperlich betätigen, zum Beispiel durch Laufen oder Schwimmen.

Bleiben Sie konstruktiv

Je weniger Sie künftig mit einem Mann zu tun haben, der Sie schlecht behandelt hat, desto besser für Sie. Nutzen Sie Ihre kostbare Zeit lieber dazu, sich als Trost etwas besonders Gutes zu gönnen. Gehen Sie mit Freunden toll essen, laden Sie sich selber in ein lustiges Theaterstück ein oder spannen Sie einfach nur ein paar Stunden lang in der Sauna aus. Ärgern sollte man sich nur so lange, wie es unbedingt sein muss – jede weitere Minute ist Zeitverschwendung und schlecht für den Teint!

Übrigens: Haben Sie sich schon einmal überlegt, Ihren Ex-Verlobten einfach zu ignorieren? Für Ego-Typen gibt es keine schlimmere Strafe, als nicht beachtet zu werden …

Hilfestellung **Machen Sie eine Weile lang täglich die Ärgerzimmer-Übung auf S. 32, und zwar mit Vehemenz! Beschäftigen Sie sich außerdem mit Ihrer Zukunft, indem Sie Neues planen (S. 96 f).**

»Meine Freundin hat mit mir Schluss gemacht, möchte aber weiterhin mit mir befreundet bleiben. Ich möchte das aber eigentlich nicht. Wie soll ich mich verhalten?«

Freundschaft trotz Trennung?

Respektieren Sie Ihre Gefühle! Unter den gegebenen Umständen tun Sie besser daran, zunächst von einer Freundschaft abzusehen. Selbst wenn Sie sich im Guten voneinander getrennt haben, sollten Sie sich beide erst einmal Zeit nehmen, eigene Wege zu gehen. Konzentrieren Sie sich darauf, Ihr Leben neu einzurichten, denn die Zukunft werden Sie nicht gemeinsam mit Ihrer Freundin verbringen, die ja die Beziehung mit Ihnen beendet hat. Wenn Sie einem weiteren Kontakt mit der Ex-Freundin zustimmen, laufen Sie außerdem Gefahr, sich falsche Hoffnungen zu machen, dass sie sich doch wieder für eine Beziehung mit Ihnen entscheidet, und das verlängert den Trennungsschmerz nur noch. Sie wissen ja: Lieber ein Ende mit Schrecken als ein Schrecken ohne Ende!

Sie brauchen jetzt erst einmal Zeit für sich selbst, um sich über Ihre eigenen Gefühle klar zu werden und einen Neuanfang für sich selbst zu finden. Weiterer Kontakt zur Ex-Freundin bringt dabei nur zusätzliche Schwierigkeiten. Sagen Sie also Ihrer Ehemaligen, dass Sie keinen weiteren Kontakt möchten, weder in Form von Treffen noch als Telefonanrufe. Sie brauchen sich für Ihre Entscheidung auch keineswegs zu rechtfertigen: »Ich möchte es ganz einfach nicht« reicht vollkommen aus.

Hilfestellung **Lesen Sie noch einmal aufmerksam die Kapitel über Einsamkeit (S. 41 f) und den Jo-Jo-Effekt (S. 68 f) und widmen Sie sich den Schlüsselfragen und der Übung im Kapitel über neue Zukunftsperspektiven (S. 96 f).**

»Ich traue mich nicht, die Freunde meines geschiedenen Mannes anzurufen, weil ich nicht weiß, ob sie noch Kontakt mit mir haben wollen. Soll ich anrufen oder lieber nicht?«

Kontakt zu Freunden des Ex-Partners

Sie sind jetzt in einem Dilemma: Solange Sie nicht anrufen, sind Sie weiter im Ungewissen und damit fruchtlosen Spekulationen ausgeliefert. Rufen Sie aber an, dann hören Sie vielleicht etwas, was Ihnen gar nicht lieb ist, nämlich, dass man mit Ihnen nichts mehr zu tun haben will. Trotzdem würden wir Ihnen aber dazu raten anzurufen. Spekulieren bringt Sie nicht weiter, sondern verschwendet nur kostbare Zeit und Energie. Wenn Sie hingegen anrufen, wissen Sie wenigstens, woran Sie sind und auf wen Sie auch in Zukunft zählen können. Sie schaffen damit Ordnung in Ihrem Leben und können sich so auf die Gegebenheiten einstellen.

Machen Sie sich auf jeden Fall im Vorfeld klar, dass die Freunde Ihres Mannes ganz unterschiedliche Reaktionen zeigen können, die Sie sich nicht allzusehr zu Herzen nehmen sollten. Manche wollen sich nicht zwischen den getrennten Partnern entscheiden müssen und bemühen sich weiterhin um einen guten Kontakt zu beiden. Andere schaffen diesen Balanceakt nicht – sie stellen sich daher ganz klar auf die Seite eines Partners und brechen den Kontakt zum anderen ab. Manche sind einfach selbst ganz unsicher, wie sie sich verhalten sollen, und tun deshalb erstmal gar nichts. Und wieder andere sind einfach nur faul und hätten sich ohnehin eine Zeitlang nicht gemeldet. Verfallen Sie deshalb aber nicht in gnadenlose Selbstkritik, denn all diese Gründe haben nichts mit einer etwaigen Unzulänglichkeit Ihrerseits zu tun, sondern sind vielmehr Anzeichen, wie die jeweiligen Freunde mit der Trennung eines befreundeten Paares fertig werden.

Die Welt geht nicht unter, wenn der eine oder andere Freund wegen der Trennung den Kontakt zu Ihnen abbricht. Das ist zwar schade, aber eben nicht zu ändern. In Ihrem Leben ist Platz für viele Freunde, und wenn der eine oder andere abspringt, dann ist umso mehr Zeit und Platz für neue Freunde.

Hilfestellung Fördern Sie Ihr Selbstvertrauen mit Positivem Denken (S. 86 f) und erstellen Sie sich eine Affirmation für die Anrufe bei Freunden (»Ich habe ein Recht darauf, mir Klarheit zu verschaffen.« »Es ist vollkommen in Ordnung, bei alten Freunden anzurufen. Ich bleibe ruhig und gelassen, egal wie ihre Antwort ausfällt.«).

»Ich habe gerade die Scheidung von meinem Mann hinter mir, der mich ständig betrogen hat. Glauben Sie wirklich, dass ich jemals wieder einem Mann vertrauen kann?«

Seelische Verletzungen können heilen

Ja, das können Sie sicherlich. Lassen Sie sich jetzt aber erst einmal Zeit, die schlechte Erfahrung zu verdauen. Hintergangen, belogen und ausgenutzt zu werden hinterlässt tiefe Verletzungen, die zunächst heilen müssen, bevor man wieder vertrauen kann. Ihre Skepsis ist also eine sehr vernünftige Selbstschutzmaßnahme.

Meistens hat ja das Selbstwertgefühl einen empfindlichen Knacks bekommen, wenn man der oder die Betrogene ist. Es ist daher wichtig, jetzt Schritt für Schritt Ihr neues Dasein als Single einzurichten und es genießen zu lernen. Indem Sie lernen, alleine zurechtzukommen und für sich selbst zu sorgen, machen Sie sich unabhängiger, und das stärkt das Selbstwertgefühl ganz beträchtlich. Während Sie lernen, Ihr

Leben erfolgreich allein zu bestreiten, können Sie sich auch bewusster machen, welche Warnsignale Sie in Ihrer Ehe übersehen oder ignoriert haben. Auf diese Weise können Sie in Zukunft rechtzeitig reagieren, wenn Ihnen das Verhalten eines anderen Mannes merkwürdig vorkommt. Ihre Erfahrungen sind gleichzeitig Ihre Garantie, dass im Falle eines Falles Ihre Alarmglocken laut und deutlich schrillen, wenn in Zukunft etwas nicht stimmt.

Wieder neu Vertrauen fassen

Sie können sicher sein, dass Sie Männer kennen lernen werden, die es ehrlich mit Ihnen meinen und denen Sie vertrauen können. Nehmen Sie Ihr Leben jetzt selbst in die Hand und fassen Sie zuerst einmal wieder Vertrauen zu sich selbst. Das ist die beste Grundlage, zu einem späteren Zeitpunkt den richtigen Mann zu finden.

Hilfestellung **Konzentrieren Sie sich auf das Kapitel über Untreue (S. 55 f) und machen Sie die Übung zur Auswertung des Geschehenen (S. 28). Ansonsten: viel Positives Denken (S. 86 f)!**

»Seit meiner Scheidung kann ich mich nur sehr schlecht konzentrieren und mache daher viele Fehler bei der Arbeit. Mein Chef hat mir schon eine Abmahnung gegeben, und ich habe jetzt Angst, meine Stellung zu verlieren. Wie kann ich aus diesem Tief herauskommen?«

Packen Sie die Sache von zwei Seiten an. Zuallererst müssen Sie unbedingt mit Ihrem Chef sprechen. Fassen Sie sich ein Herz und bitten Sie ihn um einen Termin für eine Aussprache. So stellen Sie sicher, dass Ihr Chef auch wirklich Zeit zum Zuhören hat und Ihr Gespräch in Ruhe, nicht zwischen Tür und Angel, stattfindet.

Auch am Arbeitsplatz helfen in Krisensituationen offene Gespräche.

Sprechen Sie mit Ihrem Chef

Erklären Sie ihm, weshalb Ihnen momentan mehr Fehler als sonst unterlaufen. Auf diese Weise ermöglichen Sie es ihm, Ihnen Verständnis entgegenbringen. Es wird dann viel klarer, dass es nicht Desinteresse oder Gleichgültigkeit Ihrerseits ist, sondern eben Ihre momentane persönliche Lage, derentwegen Ihre Konzentration leidet, und dafür haben die meisten Menschen Verständnis. Vielleicht können Sie ja einige Tage Urlaub nehmen, um in dieser Zeit die Dinge zu regeln, die Ihnen im Moment ständig im Kopf herumgehen. Erklären Sie Ihrem Chef auch, dass Sie von jetzt an jede Arbeit noch ein zweites Mal genau überprüfen werden, bevor Sie sie weitergeben. (Womöglich ist ja auch ein verständnisvoller Kollege bereit, einen zusätzlichen Blick auf Ihre Arbeit zu werfen, sodass eventuelle Fehler eher bemerkt und rechtzeitig korrigiert werden können.) Wichtig ist, dass Ihr Chef erkennt: Sie wollen Ihren Arbeitsplatz nicht verlieren, haben sich Gedanken gemacht, wie Sie die jetzige Situation verbessern können und bemühen sich aktiv um eine Lösung.

Aber auch zu Hause sollten Sie daran arbeiten, Ihre Konzentration wieder auf Vordermann zu bringen. Nehmen Sie sich täglich Zeit für ein kleines Entspannungsprogramm. Volkshochschulen und andere Einrichtungen bieten laufend autogenes Training oder Yoga-Kurse an, bei denen Sie schon nach kurzer Zeit besser abschalten lernen. Dadurch verschaffen Sie sich Denkpausen, werden innerlich ruhiger und können sich so auch wieder besser auf Ihre Arbeit konzentrieren.

Arbeiten Sie an Ihrer Konzentration

Hilfestellung **Widmen Sie sich insbesondere der Prisma-Entspannungsübung im Buch (S. 88) und besprechen Sie sich zusätzlich noch eine Tonbandkassette mit der Entspannungsübung und dem Skript auf S. 94 f.**

5 KAPITEL

Wenn alle Stricke reißen...

Wir hoffen, dass Ihnen die Tests, Schlüsselfragen, Übungen und Tipps in diesem Band geholfen haben, mit der Trennung von Ihrem Partner besser fertig zu werden. Es mag zwar ein Klischee sein, aber auch die Zeit wird das ihrige dazu tun, die Trennungswunden zu heilen.

Sollten Sie aber wider Erwarten alleine doch nicht zurechtkommen, dann gibt es immer noch eine Reihe anderer Möglichkeiten, mit denen Sie sich weiterhelfen können.

Auch bei Selbsthilfeorganisationen finden Sie Rat

Da sind zunächst einmal Selbsthilfeorganisationen, die es überall gibt. Sie finden im Anhang die entsprechenden Adressen von Organisationen, die Ihnen Genaueres über Gruppen in Ihrer Nähe sagen können. Selbsthilfegruppen treffen sich regelmäßig und werden von den Gruppenmitgliedern selbst geleitet, das heißt ohne einen »Fachmann«, der die Führung übernimmt. Trotzdem können diese Gruppen sehr hilfreich sein, da sich Gruppenmitglieder austauschen und organisieren können, um einander zu helfen. Es wirkt außerdem auch sehr unterstützend und entlastend, wenn man mit anderen Menschen über eine Schwierigkeit sprechen kann, die man mit ihnen gemeinsam hat.

Wenn Sie mit einem Therapeuten an Ihrem Problem arbeiten wollen, dann können Sie über Ihren Hausarzt oder Ihre Krankenkasse Namen von qualifizierten Therapeuten erfragen. In bestimmten Fällen übernehmen Krankenkassen auch die Kosten einer psychotherapeutischen Behandlung.

Manchmal ist professionelle Hilfe ratsam

Als Faustregel gilt, dass Sie sich um professionelle Hilfe bemühen sollten, wenn Sie vier bis fünf Monate nach der Trennung immer noch an starken Depressionen leiden oder Ihr Alltagsleben durch problematische Gefühle stark eingeschränkt wird. Wer alleine nicht weiterkommt und sich darum um eine Behandlung bemüht, beweist Intelligenz. Es ist heutzutage keine Schande mehr, einen Experten hinzuzuziehen, wenn man in einer Krise steckt. Leiden Sie also nicht vor sich hin, sondern unternehmen Sie etwas!

Fallbeispiel

Herr Stettner (47) kam zur Therapie, nachdem er beinahe einen schweren Unfall verursacht hätte.

Vor acht Monaten hatte er sich von seiner Frau getrennt und die Scheidung eingereicht. Sie waren 15 Jahre verheiratet gewesen. Für die Zerrüttung der Ehe gab es verschiedene Gründe. Zum einen war Herr Stettner als Bauunternehmer viel unterwegs, um Wohnungsprojekte zu betreuen, was oft auch Wochenenden in Anspruch nahm. Seine Frau half ihm in der Firma mit der Buchhaltung und Verwaltung.

»Vor einem Jahr war Sylvia sehr abgespannt, weil bei mir im Geschäft so viel los war«, berichtete Herr Stettner. »Ich habe ihr daraufhin eine Erholungswoche in einem schönen Kurort spendiert. Es schien ihr auch gut getan zu haben – sie war sehr ausgelassen, als sie wiederkam.«

Im Laufe der darauffolgenden Wochen fand Herr Stettner zwei kurze Nachrichten auf dem Anrufbeantworter vor. Eine Männerstimme bat seine Frau, ihn anzurufen. Herr Stettner fand das etwas seltsam, da der Anrufer keinen Namen hinterließ. Hatte seine Frau womöglich eine Affäre? Er fragte sie geradeheraus, aber sie lachte nur und sagte, sie wisse nicht, wo sie die Zeit für eine Affäre hernehmen solle. Der Anrufer sei lediglich ein Bekannter aus der Erholungswoche, der sich einen Spaß erlaubt hätte.

Trotz dieser Versicherung hatte Herr Stettner ein ungutes Gefühl. Er beschloss, ein Abhörgerät am Telefon anzubringen. Er fand heraus, dass er Recht gehabt hatte: Seine Frau hatte ein Verhältnis mit dem Masseur der Kurklinik. »Als wir heirateten, habe ich ihr ganz klar gesagt, dass ich Ehebruch sehr ernst nehmen und mich scheiden lassen würde, wenn sie fremdginge.«

Die darauffolgenden Wochen der Trennung und Anwaltstermine setzten Herrn Stettner schwer zu. Er verlor 15 Kilo in zwei Monaten und war kaum noch arbeitsfähig. Er schleppte sich durch die Tage, war erschöpft, nervös und verbrachte schlaflose Nächte, in denen er versuchte, mit seinen Gefühlswallungen fertig zu werden. »Vor zwei Wochen war ich mit dem Wagen zu einer Baustelle unterwegs. Ich war mit meinen Gedanken ganz woanders, als ich auf die Autobahn fuhr, ohne auf den Verkehr zu achten. Um ein Haar wäre ich in einen Bus hineingefahren, was sowohl für mich als auch für die Menschen im Bus wahrscheinlich tödlich ausgegangen wäre. Da wurde mir klar, dass ich etwas unternehmen musste. So konnte es nicht weitergehen.«

In seinen Sitzungen arbeitete Herr Stettner seine Gefühle über das Geschehene durch, sodass er langsam wieder ruhiger werden konnte und seine Konzentrationsfähigkeit und Lebensfreude wiederkehrte.

Anhang

Nützliche Adressen

Aktuelle Informationen über Selbsthilfekontaktstellen in Ihrer Wohnortnähe sind bei folgenden Stellen erhältlich:

Deutschland	NAKOS Nationale Kontakt- und Informations- stelle zur Anregung und Unterstützung von Selbsthilfegruppen der DAG SHG e.V. Albrecht-Achilles-Str. 65 D-10709 Berlin Tel.: 030 / 89 14 019 Fax: 030 / 89 34 014
Österreich	SIGIS Service- und Informationsstelle für Gesundheitsinitiativen und Selbsthilfegruppen im Fonds »Gesundes Österreich« Ausstellungsstr. 44 A-1020 Wien Tel.: 0043 / 1 / 72 60 260 Fax: 0043 / 1 / 72 66 020

Schweiz Arbeitsgemeinschaft KOSCH
Koordination zur Förderung der
Selbsthilfegruppen Schweiz
c/o Selbsthilfegruppe Hinterhuus
Feldbergstr. 55
CH-4057 Basel

Tel.: 0044 / 61 / 69 28 100
Fax: 0044 / 61 / 69 28 177

Die folgenden Zentralstellen bieten psychologischen Rat, Therapie und Beratung und können Sie auch auf eine Zweigstelle in Ihrer Nähe verweisen:

Deutschland Pro Familia Bundesverband
Stresemannallee 3
D-60596 Frankfurt am Main

Tel.: 069 / 639 002

Österreich Österreichische Gesellschaft
für Familienplanung (ÖGF)
Semmelweis Frauenklinik
Bastiengasse 125
A-1183 Wien

Tel.: 0043 / 1 / 47 85 242
Fax: 0043 / 1 / 478 524 222

Schweiz Association Suisse de Planning
Familial et d'Education Sexuelle
(ASPFES)
Ch. de la Guéta 7
CH-1073 Savigny

Tel. / Fax: 0044 / 21 / 78 40 246

Wenn Sie noch Fragen zum Buch haben oder sich für Seminare mit Vera Peiffer und Nada Lemke interessieren, dann wenden Sie sich bitte an folgende Adresse:

Peiffer Kolleg
Geheimrat-Schott-Str. 15 a
D-69181 Leimen

Tel.: 06224 / 951 501
Fax: 06224 / 951 848

Weiterführende Literatur

Abrahms, Janis/Spring, Michael: Treuebrüche. Krüger, 1996

Dowling, Colette: Der Cinderella-Komplex. Fischer, 1982

–: Der Ehe-Komplex. Fischer, 1996

Dyer, Wayne W.: Der wunde Punkt. Rowohlt, 1980

Fuldauer, Alice: Fatale Liebe. Piper, 1995

Gray, Serena: Eine Frau über 35 läuft eher Gefahr, von einem Tiger gefressen zu werden, als einen Mann zu finden. Knaur, 1991

Jannberg, Judith: Ich bin ich. Kindler, 1980

Meyer, Hermann: Jeder bekommt den Partner, den er verdient. Meyer, 1997

Müller-Luckmann, Elisabeth: Die große Kränkung. Piper, 1998

Peiffer, Vera: Positives Denken. Midena, 1996

–: Die 7 Wege zum Traum-Partner. Midena, 1997

–: Die Kunst, das Alleinsein zu genießen. Midena, 1997

Schmidbauer, Wolfgang: Die Angst vor Nähe. Rowohlt, 1998

Sills, Judith: Liebe nach dem ersten Blick. Rowohlt, 1991

Thorne, Julia: Wie ich meine Scheidung überlebte. Herder, 1998

Viorst, Judith: Mut zur Trennung. Heyne, 1989

Stichwortverzeichnis

T

U

V

W

Z